# 本書の特長と使い方

中学実技4科の定期テストに
の問題でまとめました。

学習内容１項目（１単元）
フィルターを使って，何度も

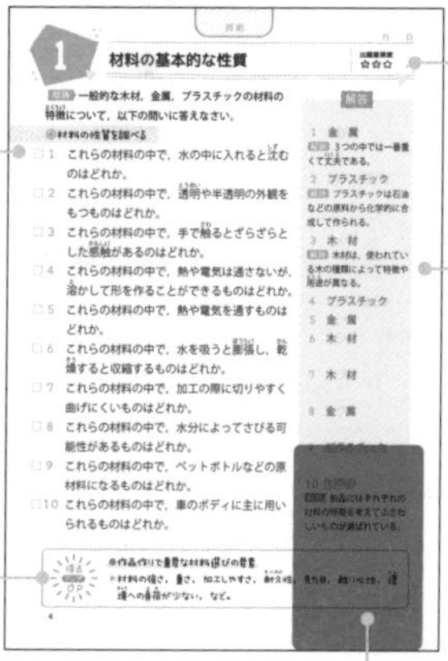


☆☆☆ 重要度を３段階で示しています。

問題が解けるようになったら，チェック欄□に✓をしましょう。

解答のそばに，問題の解き方や考え方を示した解説を設けています。

得点アップUP その単元でとても重要なポイントを簡潔にまとめています。

消えるフィルターで解答をかくして，問題を解いていきます。

図や表を使った問題に取り組みます。

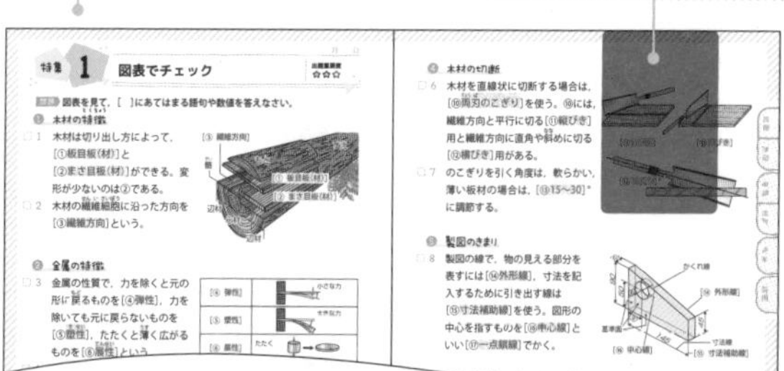


本書に関する最新情報は，小社ホームページにある本書の「サポート情報」をご覧ください。（開設していない場合もございます。）なお，この本の内容についての責任は小社にあり，内容に関するご質問は直接小社におよせください。

# CONTENTS もくじ

技術・家庭



保健体育

(JASRAC 出 2102867-101)

月　日

# 1 材料の基本的な性質

出題重要度 ☆☆☆

問題 一般的な木材，金属，プラスチックの材料の特徴(とくちょう)について，以下の問いに答えなさい。

## ◎材料の性質を調べる

□ 1 これらの材料の中で，水の中に入れると沈(しず)むのはどれか。

□ 2 これらの材料の中で，透明(とうめい)や半透明の外観をもつものはどれか。

□ 3 これらの材料の中で，手で触(さわ)るとざらざらとした感触(かんしょく)があるのはどれか。

□ 4 これらの材料の中で，熱や電気は通さないが，溶(と)かして形を作ることができるものはどれか。

□ 5 これらの材料の中で，熱や電気を通すものはどれか。

□ 6 これらの材料の中で，水を吸うと膨張(ぼうちょう)し，乾燥(かんそう)すると収縮するものはどれか。

□ 7 これらの材料の中で，加工の際に切りやすく曲げにくいものはどれか。

□ 8 これらの材料の中で，水分によってさびる可能性があるものはどれか。

□ 9 これらの材料の中で，ペットボトルなどの原材料になるものはどれか。

□ 10 これらの材料の中で，車のボディに主に用いられるものはどれか。

## 解答

1 金属

解説 3つの中では一番重くて丈夫(じょうぶ)である。

2 プラスチック

解説 プラスチックは石油などの原料から化学的に合成して作られる。

3 木材

解説 木材は，使われている木の種類によって特徴や用途(ようと)が異なる。

4 プラスチック

5 金属

6 木材

7 木材

8 金属

9 プラスチック

10 金属

解説 製品にはそれぞれの材料の特徴を考えてふさわしいものが選ばれている。

得点アップUP

**◎作品作りで重要な材料選びの要素**

▶材料の強さ，重さ，加工しやすさ，耐久性(たいきゅうせい)，見た目，触り心地，環境(かんきょう)への負荷(ふか)が少ない，など。

# 2 製品の構造

出題重要度 ☆☆☆

問題 次の各問いに答えなさい。

## ◎丈夫な構造

□ 1 構造を丈夫にするには，どのような形を構造に組めばよいか。

□ 2 構造を丈夫にする工夫に接合部を固定する方法があるが，くぎ接合の場合，くぎと合わせて何で補強するとより丈夫になるか。

□ 3 接合部に使われる金具を何というか。

□ 4 3の種類で右の図のような金具を何というか。

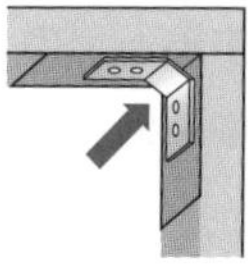

□ 5 構造を丈夫にするには，材料の使い方を工夫することも大切である。木材の場合，何の方向に注意するとよいか。

## ◎断面の形

□ 6 次の図で➡の方向からの力に対して，AはBの何倍の強さがあるか。

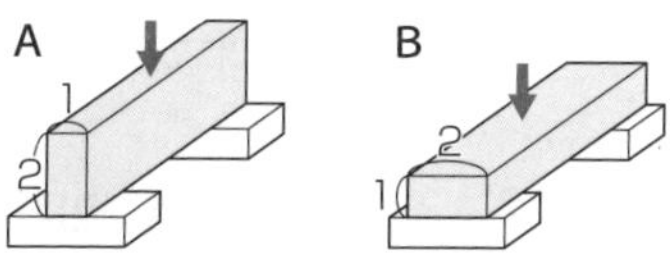


□ 7 薄い金属板やプラスチックを折り曲げたり折り返したりするのは何のためか。

## 解答

1 三角形

解説 四角形の構造は変形しやすく不安定である。

2 接着剤

3 補強金具

4 すじかい金具

解説 T字金具，すみ金具，直角金具なども補強に使われる。

5 繊維

解説 繊維方向が直角になるようにして使うと丈夫になる。

6 2倍

解説 力の方向に対する断面比に注意する。

7 断面の形状を変え構造を丈夫にする

解説 ふちまき，折り曲げ，波形，折り返しなどの工夫がある。

得点アップUP

◎四角形の構造を強くする

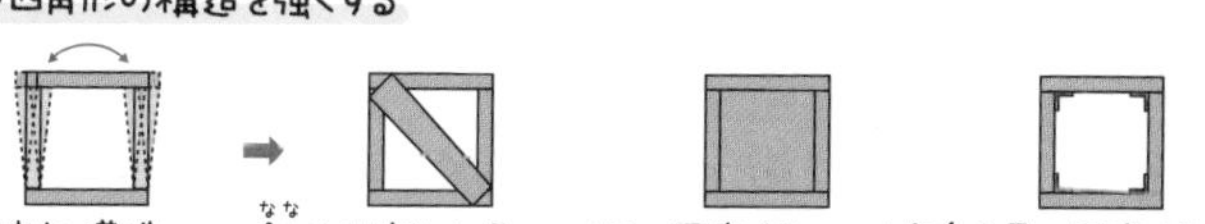

不安定な構造 ➡ 斜め材を入れる　板で固定する　補強金具で固定する

# 3 木材の特徴

月　日

出題重要度 ☆☆☆

問題 次の各問いに答えなさい。

◎木材の特徴

□ 1　カツラやシラカシなど，家具や器具に用いられる樹材を何というか。

□ 2　スギやヒノキなど建築に用いられる樹材を何というか。

◎木材の性質 ①

□ 3　木材は，水分を吸収するとどのようになるか。

□ 4　次の図の①～④の名称は何か。

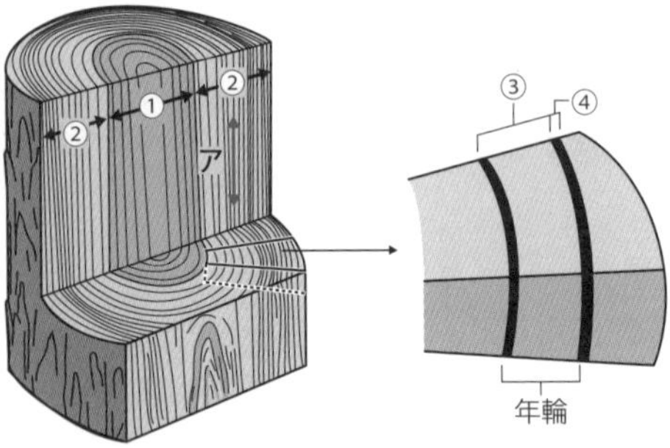


□ 5　4の図のアの方向を何というか。

□ 6　次の図のA，Bの材（板）の名称を答えよ。

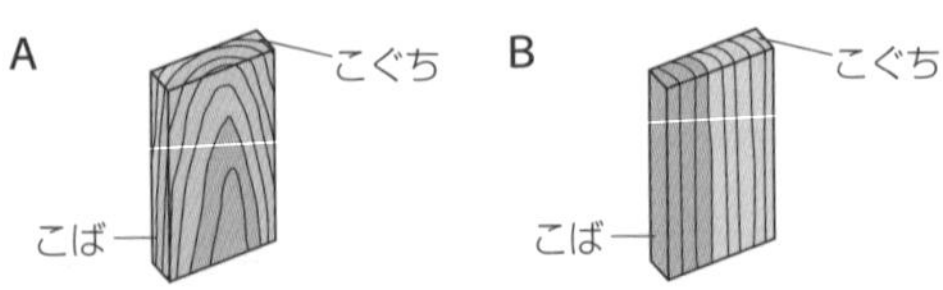


解答

1　広葉樹材

2　針葉樹材

解説 現在日本で消費されている樹材の4分の1が国産で，残りはアメリカなどから輸入されている。

3　膨張する

4　①心　材
②辺　材
③早材（春材）
④晩材（夏材）

解説 ①は②に比べて色が濃い。

5　繊維方向

解説 繊維方向に沿った強さは，そうでない方向の10倍である。

6　A　板目材（板）
B　まさ目材（板）

解説 繊維方向に直角に切った面がこぐち，平行に切った面がこばである。

得点アップ UP

◎針葉樹材の特徴

▶スギ…木目が通る。軽く軟らかい。赤褐色。▶ヒノキ…木目が通る。光沢があり，腐りにくい。薄赤色。▶アガチス…加工しやすい。輸入材。褐色。

**問題** 次の各問いに答えなさい。

### ◎木材の性質 ②

□ 7 木材は乾燥(かんそう)するとどうなるか。

□ 8 木材は乾燥すると木表と木裏のどちら側にそるか。

□ 9 木材が乾燥した際，板目材(板)とまさ目材(板)ではどちらが変形が少ないか。

□ 10 制作に木材を選ぶ場合，注意することは何か。

### ◎木質材料

□ 11 「木材を有効に利用する」「大きな材料を作る」「欠点を補う」などの目的で開発された材料を何というか。

□ 12 薄(うす)い単板を繊維(せんい)方向が直交するように，奇数(きすう)枚はり合わせ，どの方向からの力にも同じ強さを持つ板材を何というか。

□ 13 小さな板材の節(ふし)や割れを取り除いて繊維方向に合わせてはり合わせ，変形を少なくした板材を何というか。

□ 14 木材の小片(チップ)を接着剤(ざい)で高温圧着した板材を何というか。

□ 15 廃材(はいざい)などを繊維状にほぐし，接着剤で高温圧着した板材を何というか。

---

7 **収縮する**

8 **木表側**

9 **まさ目材(板)**

解説 まさ目材(板)は木材の中心部から切り出したので変形しにくい。

10 **よく乾燥しているか，変形していないか など**

解説 ほか，割れがないか，節が少ないかなどにも注意する。

11 **木質材料**

12 **合 板**

解説 幅が広く強い板ができる。

13 **集成材**

解説 安定した品質である。

14 **パーティクルボード**

15 **ファイバーボード**

解説 材質が均一である。

---

得点 アップ UP

◎広葉樹材の特徴

▶カツラ…変形が少なく加工しやすい。褐色。

▶シラカシ…重く，硬(かた)い。加工しにくい。灰褐色(はいかっしょく)。

▶セン…加工しやすく肌目(はだめ)は粗(あら)い。黄白色。

月　日

# 4 金属の特徴（とくちょう）

出題重要度 ☆☆☆

問題 次の各問いに答えなさい。

### ◎金属の性質

□ 1 金属は常温ではどのような状態か。

□ 2 金属の，加えた力を除くと元の状態に戻（もど）る性質を何というか。

□ 3 金属に外から加わった力が大きい場合，力を除いても元の状態に戻らない性質を何というか。

□ 4 金属の，大きく変形した部分の組織が変化して硬（かた）くなる性質を何というか。

□ 5 金属の，たたくと薄（うす）く広がる性質を何というか。

□ 6 金属の，引っ張ると細長く延（の）びる性質を何というか。

□ 7 金属の，高温で加熱し溶（と）かすことができる性質を何というか。

□ 8 金属にほかの金属や元素を加えて作られ，元の金属とは異なる特徴（とくちょう）をもつ金属を何というか。

### ◎鉄鋼（てっこう）材料

□ 9 鉄鋼は何と何の合金か。

□ 10 何の違いによって，鉄鋼を鋼（はがね）と鋳鉄（ちゅうてつ）に大別するか。

□ 11 材料に特有の温度で加熱や冷却（れいきゃく）の操作を行うことを何というか。

## 解答

1 固体

解説 金属は，採掘した鉱石から不純物を取り除いて作られる。

2 弾性（だんせい）

3 塑性（そせい）

4 加工硬化（こうか）

5 展性（てんせい）

6 延性（えんせい）

7 溶融性（ようゆうせい）

8 合金

解説 身の回りの金属はほとんど合金である。

9 鉄と炭素

10 炭素含有量（がんゆうりょう）

11 熱処理

解説 鉄鋼材料は，熱処理によって多様な性質を持つ金属材料になる。

---

得点アップ UP

◎鋼の熱処理による性質の変化

▶焼き入れ…硬（かた）く，もろくなる。 ▶焼き戻し…粘（ねば）り強くなる。

▶焼きなまし…軟（やわ）らかくなる。

問題 次の各問いに答えなさい。

◎金属の加工法

□12 金属の塑性(そせい)を利用して曲げたり延ばしたりする加工法を何というか。

□13 金属を削(けず)って切断したり形を整えたりする加工法を何というか。

□14 13で，切断に使う道具は何か。

□15 金属に熱を加えて溶(と)かし，型に流し込(こ)んで固める加工法を何というか。

□16 金属を接合したい部分を部分的に溶かすなどして接合する加工法を何というか。

□17 鋼の熱処理の方法で，高温に加熱された鋼を水や油の中で急に冷やすことを何というか。

□18 加熱された鋼を炉(ろ)の中でゆっくり冷やす熱処理を何というか。

◎いろいろな金属材料

□19 銅と亜鉛(あえん)の合金で，光沢(こうたく)があり，さびにくく，加工しやすい金属材料は何か。

□20 鉄にクロム，ニッケルを加えた合金で，さびにくいが，加工はしにくい金属材料は何か。

□21 軽くて軟らかいが，合金にすることで，耐食(たいしょく)性や強度が増す金属材料は何か。

12 塑性加工

13 切削(せっさく)

14 弓のこ

15 鋳造(ちゅうぞう)

16 溶接(ようせつ)

解説 どの加工にも，材質や形状に適した加工法がある。丈夫(じょうぶ)で加工しやすい金属は，身の回りの製品に幅広く利用されている。

17 焼き入れ

解説 硬くなるが，もろくもなる。

18 焼きなまし

19 黄銅(しんちゅう)

解説 管楽器やドアの取っ手に使われる。

20 ステンレス鋼

解説 食器にも使われる。

21 アルミニウム

得点アップUP

◎ほかの金属材料

▶炭素鋼…鉄と炭素の合金。

▶軟鋼…炭素含有量が0.3%までの炭素鋼。軟らかく加工しやすい。

▶硬鋼(こうこう)…炭素含有量が軟鋼より多い炭素鋼。

▶鋳鉄…炭素含有量が2%以上の鉄と炭素の合金。溶けやすく硬くてもろい。

# 5 プラスチックの特徴（とくちょう）

出題重要度 ☆☆☆

問題 次の各問いに答えなさい。

## ◎プラスチックの性質

□ 1 プラスチックは常温ではどのような状態か。

□ 2 プラスチックは，主に何を化学合成して作られるか。

□ 3 熱を加えると軟（やわ）らかくなるプラスチックを何というか。

□ 4 一度固めると熱を加えても軟らかくならないプラスチックを何というか。

## ◎いろいろなプラスチック

□ 5 薬品や油に強く，ラップフィルムなどに使われるプラスチックは何か。

□ 6 成形しやすく透明（とうめい）で，CDケースやトレーなどに使われているプラスチックは何か。

□ 7 ガラスに近い透明度をもち，気温の変化や紫（し）外線（がいせん）に強いプラスチックは何か。

□ 8 光沢（こうたく）があり透明度が高くて丈夫（じょうぶ）で，ペットボトルなどに使われているプラスチックは何か。

□ 9 熱に強く，電気絶縁（ぜつえん）性が高いので，フライパンやなべの取っ手などに使われているプラスチックは何か。

## 解答

1 **固体**

解説 軽くて，耐久（たいきゅう）性があり，成形しやすい材料である。

2 **石油**

3 **熱可塑（かそ）性プラスチック**

4 **熱硬化（こうか）性プラスチック**

解説 熱可塑性プラスチックのほうが加工しやすい。

5 **ポリエチレン(PE)**

解説 灯油タンクやバケツなどに使われている。

6 **ポリスチレン(PS)**

7 **アクリル(PMMA)樹脂（じゅし）**

解説 レンズや光ファイバーなどに使われる。

8 **ペット(PET)樹脂**

解説 フィルムにも。

9 **フェノール樹脂(PF)**

---

得点アップ UP

◎ほかのプラスチック

▶ポリプロピレン(PP)…軽くて丈夫。自動車部品や包装材に使われる。

▶ポリ塩化ビニル(PVC)…多くの優れた性質を持つ。水道管や消しゴムなど。

問題 次の各問いに答えなさい。

◎プラスチックの加工法

□10 熱を加えて軟らかくした熱可塑性プラスチックや液状の熱硬化性プラスチックを型に流し込んで固める加工法を何というか。

□11 固まったプラスチックを削って切断したり形を整えたりする加工法を何というか。

□12 接着剤を使って接合する加工法を何というか。

□13 熱可塑性プラスチックを加熱すると軟らかくなる性質を利用して折り曲げる方法を何というか。

□14 プラスチックを溶かして接合することを何というか。

10 成形
解説 溶かして型に流し込むことで，簡単に形を整えることができ，大量生産が可能である。

11 切削

12 接着

13 塑性加工

14 溶接
解説 木材や金属が使われていた製品や部品が，プラスチックに置き換えられることもある。

◎そのほかのプラスチック

□15 ある温度以上の熱を加えると記憶されている形状に戻り，冷えると変形された形のまま固まる性質を持った新素材のプラスチックを何というか。

□16 炭素繊維と樹脂が混じり合った強化プラスチックをアルファベットで何というか。

□17 土中や水中の微生物によって分解されるプラスチックを何というか。

□18 海洋汚染の原因の１つといわれる微少のプラスチックを何というか。

15 形状記憶ポリマー
解説 手が自由に動かせない人のためのスプーンやフォークなど自助具などにも使われている。

16 CFRP

17 生分解性プラスチック

18 マイクロプラスチック

得点アップUP

◎ほかの新素材のプラスチック

▶エンジニアリングプラスチック…100℃以上の高温にも耐えられるように開発された新素材のプラスチック。

# 6 けがき

月　日

出題重要度 ☆☆☆

問題 次の各問いに答えなさい。

◎木材のけがき

□ 1　材料を切断するときや切断した部品を削(けず)るときに必要な線や印をかくことを何というか。

□ 2　次の図の工具の名称(めいしょう)を答えよ。

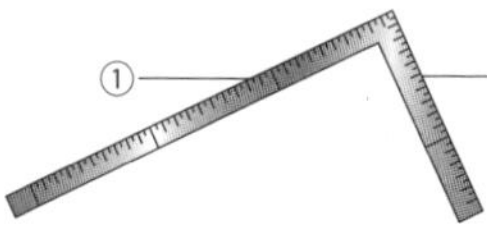


□ 3　2の図の①，②の部分を何というか。

□ 4　1をする場合，最初に寸法をはかり，印を付ける面を何というか。

□ 5　次に，工具を基準面に密着させて，基準面に対してどのような線を引くか。

□ 6　次の図で，けびきで角材をけがきする場合の順序を答えよ。

ア 部品の長さ方向の寸法をとる　イ 部品の幅を決める線をかく　ウ 基準面と垂直な線をかく

□ 7　1の線には仕上がり寸法線ともう1つ何という線があるか。

□ 8　次の仕上がり寸法線をかくときには3～5mm離(はな)してかくが，この幅は削りしろにのこぎりびきの溝(みぞ)の幅を表す何を足したものか。

## 解答

1　けがき

2　さしがね

解説 こばに線をかくときや直角度の検査をするときには直角定規を，平行な線をかくときには，けびきを使う。

3　①長(なが)手(て)　②妻(つま)手(て)

4　基準面

解説 基準面には，長さ方向と幅(はば)方向をはかるときの2つの基準面が必要である。基準面はさしがねや鋼尺(こうじゃく)を載(の)せて調べる。

5　直角な線

6　ア→ウ→イ

7　切断線（材料取り寸法線）

8　切りしろ

得点アップ UP

◎木材のけがきの注意点

▶部品の長さ方向と木材の繊維(せんい)方向を合わせる。▶大きな部品からけがく。

▶木材の割れや節(ふし)は避(さ)ける。▶けがきをしたあとは必ず寸法の再確認をする。

**問題** 次の各問いに答えなさい。

## ◎金属のけがき

□ 9　金属の板材をけがくときや，直線を引いたり寸法をはかったりするときに使う工具は何か。

□10　金属の板材などに印を付けたり，線を引くときに使う，鉛筆と同じ役目をする道具は何か。

□11　寸法をとる場合，9 の目盛りを材料のどこに合わせるか。

□12　9 の目盛りの見方は，どちらが正しいか。

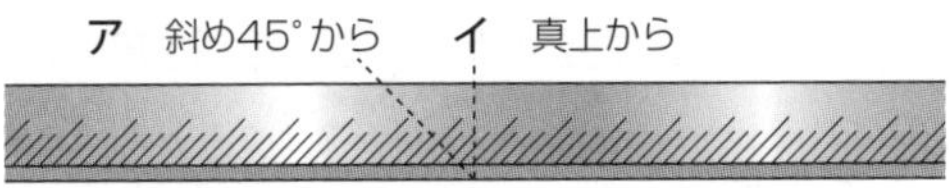


□13　けがきの仕方として正しいのはどちらか。

□14　穴や円の中心をけがくとき，穴や円の中心に当てられる工具は何か。

## ◎プラスチックのけがき

□15　保護紙がはってある場合，何を用いてけがくとよいか。

□16　保護紙がはってない場合，何を用いてけがくとよいか。

9　鋼尺(直定規)

10　けがき針
**解説** けがき針を渡すときは，針先を人に向けない。また，運ぶときは針先を下に向ける。

11　基準とする辺(線)

12　イ
**解説** 真上以外からは誤差の原因になる。

13　イ
**解説** 鋼尺(直定規)に密着させるようにする。

14　センタポンチ
**解説** 中心に当て，ハンマでたたく。

15　鉛　筆

16　油性のサインペン(アルコール系インキ)
**解説** 切断後に折り曲げ加工をするときは，曲げ半径を考慮してけがく。

得点アップ UP

◎目盛りの読み方

▶右の図の鋼尺(直定規)で目盛りを読むとき真上から読む。これは，斜めから読むと生じてしまう誤差を防ぐためである。

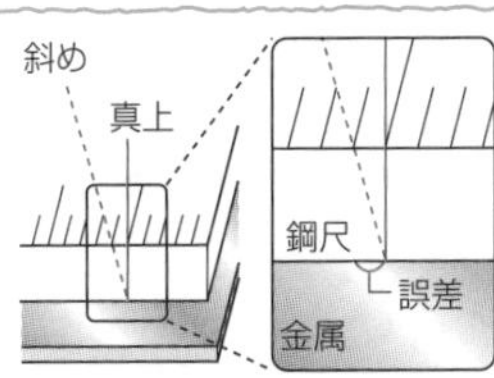

# 7 切　断

出題重要度 ☆☆☆

問題 次の各問いに答えなさい。

### ◎木材の切断 ①

□ 1 木材を直線状に切断する場合に使う工具は何か。

□ 2 1で，小刀のような刃が交互に並んでいて，繊維方向に対して直角や斜めの方向に切る場合に使う刃は何用の刃か。

□ 3 1で，刃形が大きく，刃先がのみの刃のような形をしていて，繊維方向と平行に切るときに使う刃は何用の刃か。

□ 4 のこぎりの刃が，左右に振り分けられていて，のこ身と材料の摩擦を少なくするなどの役目をするのは何か。

□ 5 切り始めるとき，当て木や指の関節を当てて，木材をしっかり固定し，のこ身のどこの部分を使って切り込み(ひき溝)をつくるか。

□ 6 のこぎりをひくとき，のこ身がどのように見える位置に立つとよいか。

□ 7 手前にひくときは，力を強く入れるか，軽く入れるか。

□ 8 軟らかい板材と硬い板材では切断するときのひき込みの角度はどちらが大きくなるか。

□ 9 切り終わりは木材の端が欠けるのを防ぐために，ひく角度をどのようにすればよいか。

## 解答

1 両刃のこぎり

2 横びき用の刃

解説 刃先角は約60°。繊維を1本1本切断するようにはたらく。

3 縦びき用の刃

解説 刃先角は約40°。

4 あさり

解説 あさりの幅をひき溝という。

5 もと

6 一直線

7 強く入れる

解説 刃わたり全体を使って切る。

8 硬い板材

解説 軟らかい板材や薄い板材の場合は，15～30°，硬い板材や厚い板材の場合は，30～45°にする。

9 水平近くにする

得点アップUP

◎両刃のこぎりの名称

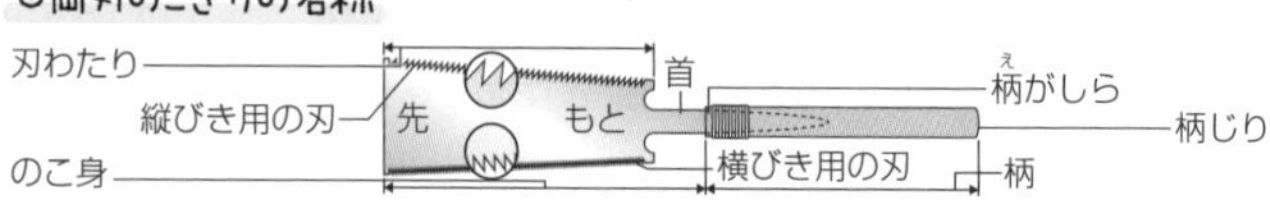

**問題** 次の各問いに答えなさい。

### ◉木材の切断 ②

□10 板材を曲線状に切断する場合や切り抜きに使う工具には，どのようなものがあるか。

□11 次のうち，木材用の糸のこ刃はどれか。

ア　イ　ウ

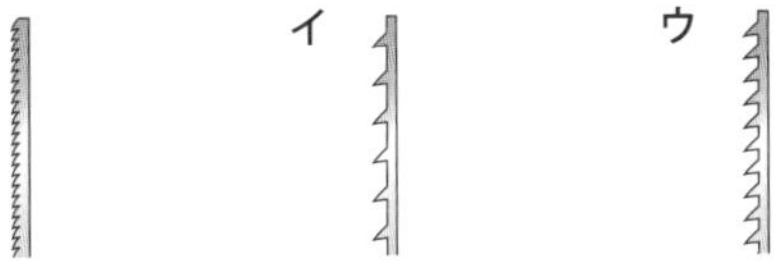

□12 糸のこ盤にとりつけられる糸のこ刃のバリをとる役割をする刃を何というか。

### ◉金属・プラスチックの切断

□13 金属の棒材を切断するときに使う工具は何か。

□14 13 の刃は，どのような向きでフレームに取り付けるか。

□15 13 を用いて切断するとき，力を入れるのは押すときかひくときか。

□16 金属の薄板を切断するときに使う工具は何か。

□17 16 を使うとき，割れ目が入らないようにするには，刃のどの部分を使うとよいか。

□18 プラスチックの板材を切断するときに使う工具は何か。

□19 18 を使い，けがき線に沿って板に溝を付けるとき，板の厚さに対してどれくらいの溝を付けるか。

10 糸のこ（糸のこ盤）

11 イ

**解説** 材料の厚さや材質によって刃をかえる。

12 返し刃

**解説** 糸のこ盤への刃の取り付けは，下側→上側の順に行う。

13 弓のこ

14 押したときに切断できる向き

15 押すとき

**解説** 材料を万力でしっかり固定し，右ひじを体に付けて体全体で押す。

16 金切りばさみ

17 中ほど

**解説** 薄板の縁で手を切らないように手袋をする。

18 プラスチックカッタ

19 $\frac{1}{3}$ぐらい

得点アップUP

◎金切りばさみの使い方

▶切り進んだら材料を上に引きあげる。

▶刃先まで使わない。

▶上刃と下刃を合わせる方向に力を入れる。

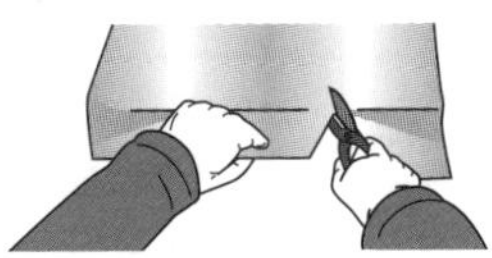

# 8 切削

出題重要度 ☆☆☆

問題 次の各問いに答えなさい。

◎かんなのしくみ

□ 1 かんなを使い，木目に沿って削る削り方を何というか。

□ 2 かんなを使い，木目に逆らって削る削り方を何というか。

□ 3 かんなの各部の名称①～③を答えよ。

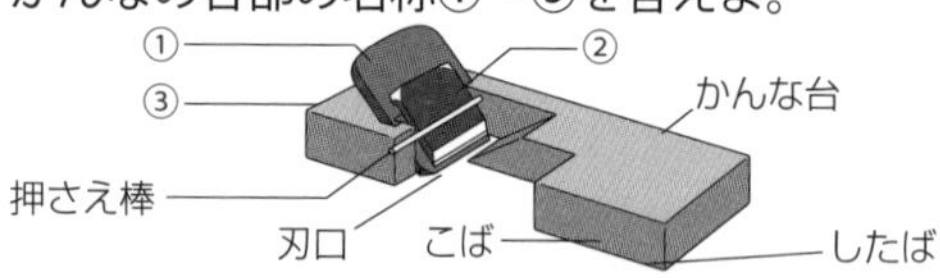


□ 4 かんな身を出すとき，かんなのどこをたたくか。

□ 5 かんな身を抜くとき，かんな身と平行にどこをどのようにたたくか。

□ 6 かんながけをするとき，刃先が何mmくらい出るように調整すればよいか。

□ 7 裏金の調整には，かんな身に沿って，どこをたたくとよいか。

□ 8 3 ②の役目は，さか目削りのときのどのようなことを防ぐか。

◎かんな削りのやり方 ①

□ 9 平面を削る場合では，利き手でかんなを押さえ，片方の手を台がしらに置き，全体を奥に押すか，手前に引くか。

## 解答

1 ならい目削り

2 さか目削り

解説 さか目削りをするときは，裏金を調節する。

3 ①かんな身
②裏　金
③台がしら

解説 かんな台のしたばは，平面ではなく起伏がある。

4 かんな身のかしら

5 台がしらの角を左右交互にたたく

6 0.05～0.1（0.2）mm

7 裏金の上部

解説 刃先から0.1～0.2mm引き込んでいるようにする。

8 表面の荒れ

9 手前に引く

得点アップ UP

◎かんなの手入れ

▶かんなを置くときは，刃先が欠けないようにこばを下にして置く。

▶かんなを片付けるときは，かんな身を下げておく。

問題 次の各問いに答えなさい。

◉かんな削りのやり方 ②

□10 こばを削るとき木材を何に固定するか。

□11 こばを削るとき，削る方向はどうするとよいか。

□12 こぐちを削るときは，初めに板幅のどの程度を削るか。

◉やすりがけの仕方

□13 やすりは，木材や金属などの部品を寸法どおりに仕上げるほかに，表面や切断面をどのようにする役目があるか。

□14 次のやすりの図の各部の名称①～③を答えよ。

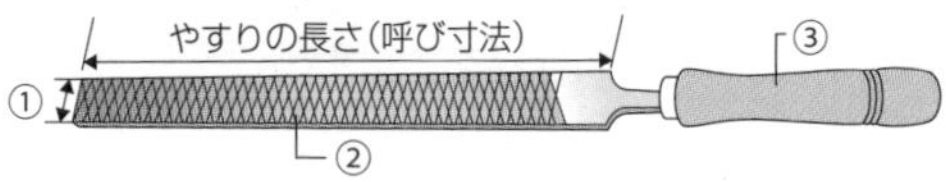


□15 棒材のやすりがけをする場合，力を入れるのは，押すときか引くときか。

□16 せまい部分を削る場合に適しており，仕上がりがきれいなやすりのかけ方を何というか。

□17 広い面を削る場合に適しており，仕上がりが荒削りになるやすりのかけ方を何というか。

□18 板材の切断後に，縁に沿ってやすりがけをする場合，どのようにして削るか。

□19 紙やすりを用いて木材を削る工作機械は何か。

10 削り台(木工万力)

11 ならい目削りで削る

12 $\frac{2}{3}$程度

解説 こぐちの端は割れやすいので，一気に削らない。$\frac{2}{3}$程度削ったら，材料を裏返して残りを削る。裏金は引っ込める。

13 滑らかにする

14 ①幅
②面
③柄

15 押すとき

解説 材料を万力に固定して，面を水平に保ち，やすり全体を使って削る。

16 直進法

17 斜進法

18 軽くこするように削る

19 ベルトサンダ

解説 保護めがね，防じんマスクを着用し，ベルトサンダに服や指が巻き込まれないように注意する。

得点アップ UP

◎やすりの種類と目の数，用途

▶荒目のやすりほど，やすりの目は少なく仕上がりは荒くなる。

▶油目のやすりは目が多く仕上がりがきれいなので仕上げ用に用いられる。

# 9 穴あけ

出題重要度 ★☆☆

問題 次の各問いに答えなさい。

◎丸い穴のあけ方

□ 1 丸い通し穴(貫通穴)などをあける工作機械は電動ドリルのほかにどのようなものがあるか。

□ 2 1に，材料に穴をあけるために取り付けるものは何か。

□ 3 通し穴(貫通穴)をあけるときに材料の下にしく板を何というか。

□ 4 材料を固定するものは，機械万力のほかにどのようなものを用いるか。

□ 5 ドリルを材料におろすとき，1のどの部分を操作するか。

◎四角い穴のあけ方

□ 6 材料に四角い穴をあけるときに使う工作機械は何か。

□ 7 材料を固定する場合，材料のどの部分を，案内定規側に向けて固定するか。

□ 8 通し穴をあける場合，先にあけるのは，ほぞ穴のどこからか。

□ 9 次の図の，四角い穴をあけるときに使う工具は何か。

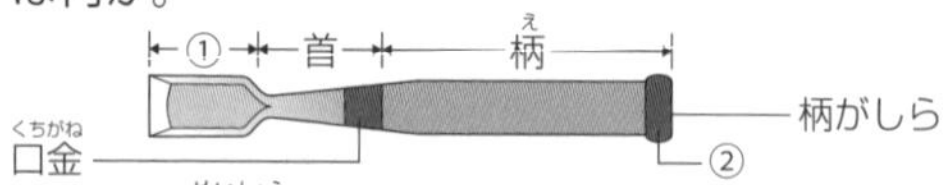


□ 10 9の図の名称①，②を答えよ。

解答

1 卓上ボール盤

2 ドリル

3 捨て板
解説 通し穴のときは，捨て板まで穴をあける。

4 クランプ
解説 金属の場合は，センタポンチを打った位置に合わせる。

5 送りハンドル

6 角のみ盤

7 基準面

8 両端
解説 あけたら，裏返して順次残りをあけていく。止め穴(止まり穴)の場合も同じである。

9 のみ

10 ①穂
②かつら

得点アップ UP

◎のみの使い方

▶かつらの下を握り，ひじを柄がしらよりも高くして柄がしらを垂直に打つ。

▶常に刃裏が材料の外側を向くようにする。

# 10 折り曲げ

出題重要度 ☆☆☆

問題 次の各問いに答えなさい。

### ◎折り曲げ

□1 金属を曲げて立体的な部品を作る加工を何というか。

□2 金属の棒材を万力を使って折り曲げるとき，曲げる側にかぶせるものは何か。

□3 2をかぶせるのはなぜか。

□4 金属パイプの折り曲げに使う工具は何か。

□5 金属の板材の折り曲げ加工に使われる，専用の機械を何というか。

□6 2つの工具に挟(はさ)んで固定して，手で簡単に折り曲げることのできるものは何か。

□7 プラスチックの板材の折り曲げに使うものは何か。

□8 7で加熱するのは，折り曲げたときに内側になる面か，外側になる面か。

### ◎部材を丈夫にする曲げ加工

□9 右の図の中で，線路のレールに使われているものはどれか。

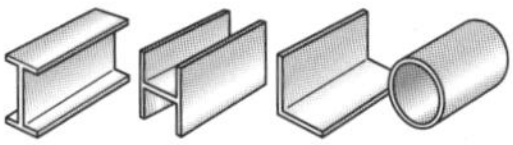


□10 断面の形状を工夫したり，断面の高さを高くすることで，どんな作用に対して強くなるか。

## 解答

1 折り曲げ加工

2 パイプ

3 変形を折り曲げ部に集中させるため

解説 パイプがないと，意図しない部分が変形することがある。

4 パイプベンダー

5 折り曲げ機

6 ポケットベンダー

7 曲げ用ヒーター

8 外側になる面

9 I形

解説 建築などの構造材や工事用仮設材などによく使われている。

10 曲げの作用

得点アップUP

⊙てこの原理

▶折り曲げ機や万力に固定した折り曲げ方法では，かたい金属も小さな力で大きく曲げることができる。これを「てこの原理」という。

月　日

# 11 組み立て

出題重要度 ☆☆☆

問題 次の各問いに答えなさい。

## ◎くぎ接合（せつごう）

□1 くぎ接合をするとき，打ち付ける側の板材に下穴をあける際に使う工具は何か。

□2 1であける下穴の深さはどのくらいか。

□3 くぎの下穴をあけるときに使う種類のきりは何か。

□4 くぎ打ちの最初では，げんのうは平らな面と曲面のどちらを使うか。

□5 くぎ打ちの最後では，げんのうは平らな面と曲面のどちらを使うか。

□6 曲がったくぎを引き抜（ぬ）くのに使う工具は何か。

□7 げんのうで打ったくぎを，さらに埋（う）めるように打ち込（こ）む工具を何というか。

## ◎ねじ接合

□8 木ねじの下穴をあけるときに使う，きりの種類を何というか。

□9 木ねじの長さは，板厚に対し，どれくらいの長さのものが適切か。

□10 下穴は，木ねじの長さのどの程度の深さまであけるか。

□11 ねじ回しを使ってねじをねじ込むとき，押（お）さえながら左右どちらの方向に回すか。

## 解答

1 きり

解説 くぎやねじを打つ位置を決めるためや，まっすぐに保持するなどの目的で行う。

2 くぎが入る半分程度

3 四つ目ぎり

4 平らな面

5 曲　面

解説 板面が傷つかないようにするため。

6 くぎ抜き

7 くぎしめ

8 三つ目ぎり

9 2.5倍より少し短い

10 $\frac{2}{3}$程度

11 右

得点アップ UP

◎きりの種類と下穴の形状

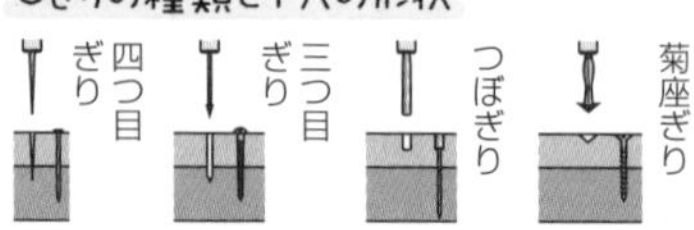


◎くぎを打つ順序

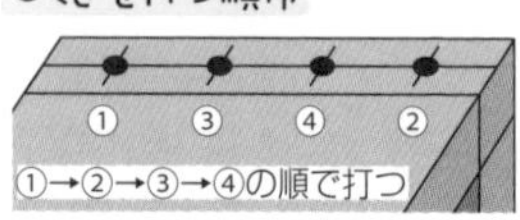

**問題** 次の各問いに答えなさい。

### ◎おねじ

□12 おねじを切る工具は何か。

12 ダイス，ダイス回し

□13 材料を固定したあと，ダイスの何が見えるように取り付けるか。

13 刻印面

□14 刻印面を材料に当て，押しつけながら食いつくまでどちらの方向に回すか。

14 右

**解説** ダイスの食いつきをよくするために，材料である丸棒の先端を面取りしておくとよい。

□15 食いついたら，1がどのような状態になっていることを確認するのか。

15 水平かどうか

□16 1が回りにくくなったら，切削油をつけるほかに，どのような対処法があるか。

16 逆回転させる

□17 不完全ねじ部を少なくするためにはどのようにするとよいか。

17 ダイスを裏返して切りなおす

### ◎接着剤での接合

□18 硬化剤をまぜることで固まり，硬化後に収縮しない種類の接着剤は何か。

18 エポキシ（樹脂）系

□19 短時間で硬化するシアノアクリレート系の接着剤は一般に何と呼ばれているか。

19 瞬間接着剤

□20 一般的な接着剤では，多く付け過ぎると接着力はどうなるか。

20 弱くなることがある

□21 木材を接着し固定する場合，どのような工具を使うとよいか。

21 クランプ

□22 揮発性成分が含まれる接着剤を使うときは部屋の何に気をつけるか。

22 換気

得点アップUP

◎木材の伝統的な接合術

▶板材や角材を凹凸に加工して接合する伝統的な接合方法には，「ほぞつぎ」や「組みつぎ」などがある。

月　日

# 12 仕上げ

出題重要度 ☆☆☆

問題 次の各問いに答えなさい。

## ◎木材の塗装

□ 1 塗装面の仕上がりをよくするための素地磨きには，何を使うか。

□ 2 1の目の細かさは番号で示されているが，番号が大きいほど目の大きさはどうなっているか。

□ 3 木材のどの方向に沿って磨くか。

□ 4 木材の塗装方法には，はけ塗り，ふき塗りのほか，どのようなものがあるか。

□ 5 はけ塗りは，角から平面に向かって塗るか，平面から角へ向かって塗るか。

□ 6 ふき塗りのとき，スポンジや布きれを使用して，どのような動きで薄く均一に塗るか。

## ◎金属の塗装

□ 7 金属の表面を磨くために使う耐水研磨紙で，最初に使うものの目は，細かいものがよいか粗いものがよいか。

□ 8 吹き付け塗り（塗装）の場合，塗装面からどのくらい離して吹き付けるか。

□ 9 塗料に浸し，引き上げて乾かす塗装方法は何か。

□10 光沢を出すために使われる溶剤は何か。

## 解答

1 研磨紙（紙やすり）

解説 下地づくりには，素地磨き（研磨）以外に水引き，湿布，面取りもある。

2 細かい

3 繊維方向

4 吹き付け塗り（塗装）

5 角から平面

解説 塗りにくいところから薄く繊維方向に沿って塗る。よく乾かし少しずつ塗り重ねる。

6 円を描く（らせんを描く）

7 粗いもの

8 20～30cm

9 ひたし塗り

10 金属研磨剤

得点アップUP

◎はけの動かし方

▶右図の①～④の順に塗る。端では塗料がたれやすいので①の方向に塗り始める。

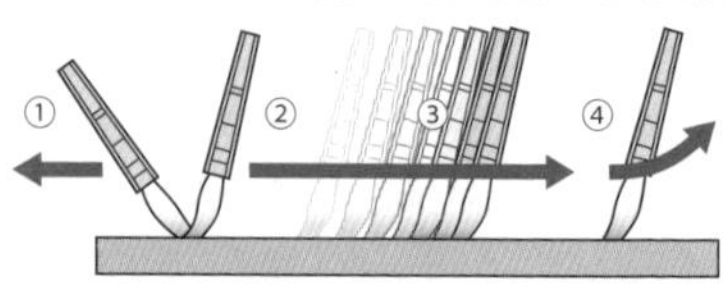

# 13 製図法

出題重要度 ☆☆☆

問題 次の各問いに答えなさい。

## ◎キャビネット図と等角図

ア
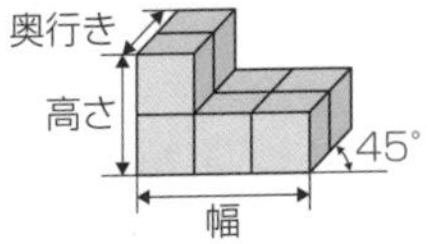


イ
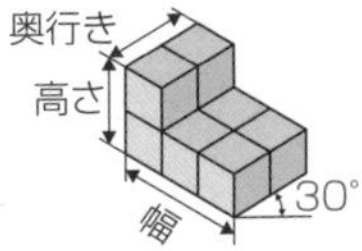


□ 1 上図のアのような構想図のかき方を何というか。

□ 2 1は，立体のどの面の寸法を正確に表すか。

□ 3 1は，奥行き（おくゆ）を表す線を水平線に対して何度傾け（かたむ）るか。

□ 4 1は，奥行きを示す線の長さを実際の長さに対してどのような割合で表すか。

□ 5 上図のイのような構想図の書き方を何というか。

□ 6 5は，線の割合をどのように表すか。

□ 7 5は，底面の２辺を水平線に対して左右に何度傾けるか。

□ 8 5を書く場合，方眼紙，斜眼紙（しゃがん）のどちらを用いて製図するか。

## ◎第三角法による正投影（とうえい）図

□ 9 第三角法による正投影図は，正面図，右側面図とどのような面からかかれているか。

□ 10 どこの面を基準としてかき始めるか。

□ 11 どのような製品の製図に使われているか。

### 解答

1 キャビネット図

2 正面

解説 キャビネット図は方眼紙にかく。

3 45°

4 $\frac{1}{2}$

解説 形が出来上がったら，不要な下がきの線は消して，太い線で仕上げる。

5 等角図

6 同じ割合

7 30°

解説 それぞれ30°の線と垂直線を引き，奥行きと高さの長さに目印を付ける。

8 斜眼紙

解説 部品どうしの位置関係，全体の寸法や形，説明などがわかるようにかく。

9 平面図

解説 正面図，平面図，右側面図で三面図という。

10 正面図

11 工業製品

得点アップUP

◎構想図，製作図の区別

▶第三角法による正投影図は，キャビネット図，等角図では表しにくい複雑な図形の表現に適している。

月　日

# 14 製図のきまり

出題重要度 ☆☆☆

問題　次の各問いに答えなさい。

## ◎製図のきまりと線のかき方

□ 1　製図での線や寸法のかき方など製図のきまりは，何によって決められているか。

□ 2　寸法の単位は何か。

□ 3　製図時に，実線の太線でかく線の種類は何か。

□ 4　製図時に，寸法線や寸法補助線をかく場合の線の種類は何か。

□ 5　ものの見えない部分を表す線の種類を何というか。

□ 6　垂直方向の寸法線には，図面の右辺，左辺のどちらから読めるように数値をかくか。

□ 7　寸法補助記号の $\phi$ とは何を表すか。

□ 8　寸法補助記号で $t$ とは何を表すか。

□ 9　寸法補助記号で $C$ とは何を表すか。

□ 10　円弧(えんこ)は寸法補助記号ではどのようにかくか。

## ◎製図用具の使い方

□ 11　垂直線をかくには，どのような定規を使うか。

□ 12　コンパスで，円や円弧をかくとき，脚(あし)(きゃく)は紙面に対してどのようにすればよいか。

□ 13　外接する長方形に合わせて円をかく定規を何というか。

## 解答

1　JIS(ジス)(日本産業規格)

2　ミリメートル

解説　製図には単位はかかない。

3　外形線

4　実線の細線

5　かくれ線

6　右　辺

解説　水平方向の寸法数値は下辺から読めるように寸法線の上にかく。

7　円の直径

8　板の厚さ

9　(45°の)面取り

10　$R$

11　T定規，三角定規

解説　水平線をかく場合と同じように，かく方向に少し傾け，下から上にかく。

12　垂直にする

13　楕円(だえん)定規

---

得点アップUP

◎製図用紙

▶製図に使う紙はA紙を主に使う。A4紙とはA1紙を4回折った大きさに等しく，A紙と比べて16分の1の大きさである。

# 15 社会の発展・材料と加工の技術



出題重要度 ☆☆☆

問題 次の各問いに答えなさい。

◎材料と加工の技術の最適化

□ 1 ある技術が，時代や環境(かんきょう)，社会からの要望によって変化し，最も効率的になることを，技術の何というか。

□ 2 1の例として，どのような問題からの解決か答えよ。
①デザインや性能がよいものを考えた
②補強金具を取り付けて丈夫にした
③材料に間伐材(かんばつざい)を使用した
④同じ材料を機械で大量生産した

□ 3 震災(しんさい)に強い建物にするための技術で，オイルダンパーや摩擦(まさつ)ダンパーを使うことで何が向上するか。

◎持続可能な社会

□ 4 世代を越(こ)えて環境，社会，経済の3つのバランスが取れた社会のことを何というか。

□ 5 資源の消費を抑制(よくせい)し，環境への負荷をできる限り少なくした社会を何というか。

□ 6 木材を幅方向に並べたものを，繊維(せんい)方向が直角に交わるように接着・圧縮することで高い強度にして，建築物に利用できるようにした木質材料を何というか。

解答

1 最適化

2 ①社会からの要求
②安全性
③環境への負荷
④経済性

解説 4つのバランスを取ることが大切。性能と価格のように両立が難しい場合はトレードオフ(折り合いをつける)必要がある。

3 耐震性(たいしんせい)

4 持続可能な社会

5 循環型社会(じゅんかんがたしゃかい)

6 CLT(Cross Laminated Timber)(クロスラミネーティッドティンバー)

解説 事務所や集合住宅など大規模な建物に活用されている。

得点アップUP

◎資源のリサイクルの種類
▶製品を原料に戻(もど)して別の製品にするマテリアルリサイクル　▶化学変化で別の物質にするケミカルリサイクル　▶燃焼による熱を利用するサーマルリサイクル



技術 家庭 保健 体育 音楽 美術

月　日

# 特集 1 図表でチェック

出題重要度 ☆☆☆

問題 図表を見て，[　]にあてはまる語句や数値を答えなさい。

## ❶ 木材の特徴

□ 1 木材は切り出し方によって，[①板目板(材)]と[②まさ目板(材)]ができる。変形が少ないのは②である。

□ 2 木材の繊維細胞に沿った方向を[③繊維方向]という。

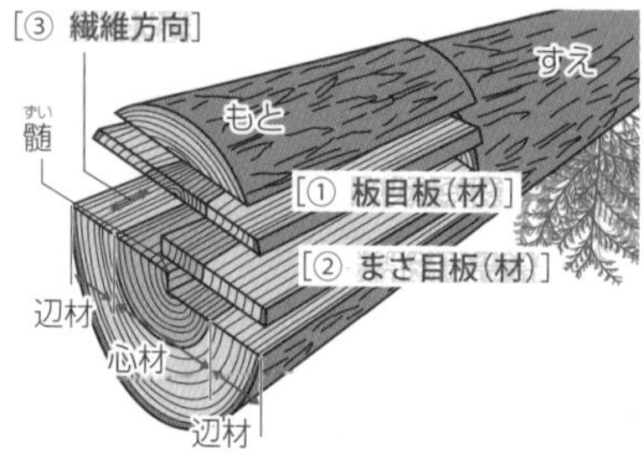


## ❷ 金属の特徴

□ 3 金属の性質で，力を除くと元の形に戻るものを[④弾性]，力を除いても元に戻らないものを[⑤塑性]，たたくと薄く広がるものを[⑥展性]という。

□ 4 金属にほかの金属や元素が加わり作られる，元の性質と異なる金属材料を[⑦合金]という。

| | |
|---|---|
| [④ 弾性] | 小さな力 |
| [⑤ 塑性] | 大きな力 |
| [⑥ 展性] | たたく |
| 延　性 | 引っ張る |
| 加工硬化 | 曲げた部分が元に戻りにくい |

## ❸ プラスチックの特徴

□ 5 プラスチックには，熱を加えると軟らかくなる[⑧熱可塑性プラスチック]と一度固めると熱を加えても軟らかくならない[⑨熱硬化性プラスチック]がある。

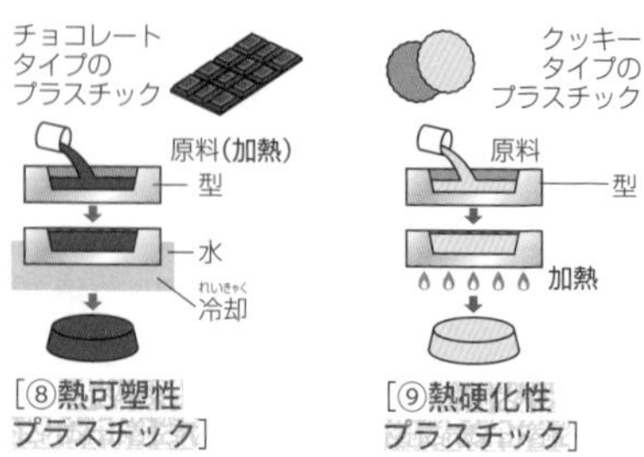

### ❹ 木材の切断

□6 木材を直線状に切断する場合は，[⑩両刃のこぎり]を使う。⑩には，繊維方向と平行に切る[⑪縦びき]用と繊維方向に直角や斜めに切る[⑫横びき]用がある。

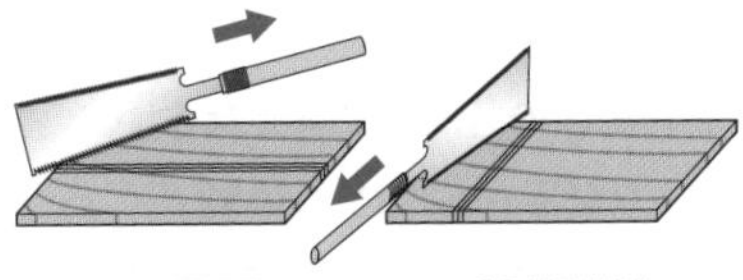


□7 のこぎりを引く角度は，軟らかい，薄い板材の場合は，[⑬15～30]°に調節する。

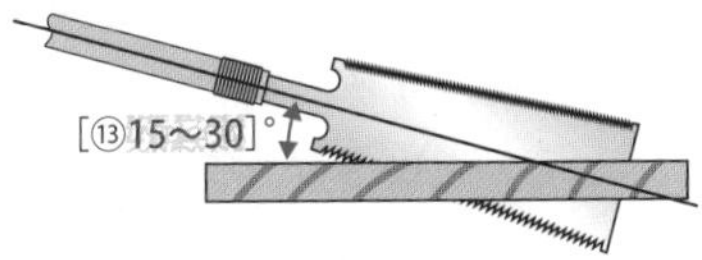


### ❺ 製図のきまり

□8 製図の線で，物の見える部分を表すには[⑭外形線]，寸法を記入するために引き出す線は[⑮寸法補助線]を使う。図形の中心を指すものを[⑯中心線]といい[⑰一点鎖線]でかく。

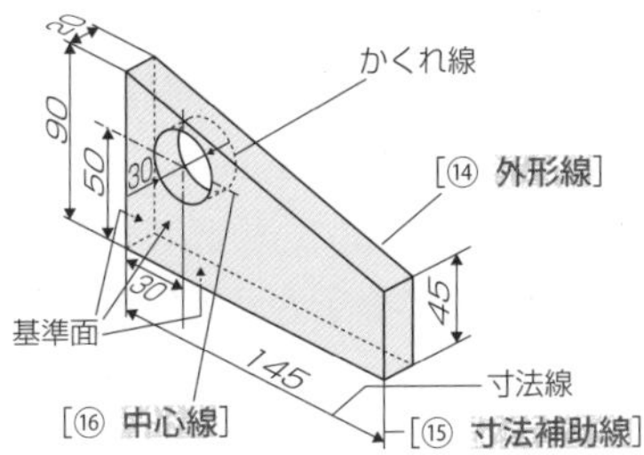


### ❻ 社会の発展・材料と加工の技術

□9 材料と加工の技術が最適化されているかを４つの項目で見ると，デザインや機能性を考えた[⑱社会からの要求]，丈夫な構造にするための[⑲安全性]，省エネルギーを考えた[⑳環境への負荷]，費用を考えた[㉑経済性]がある。

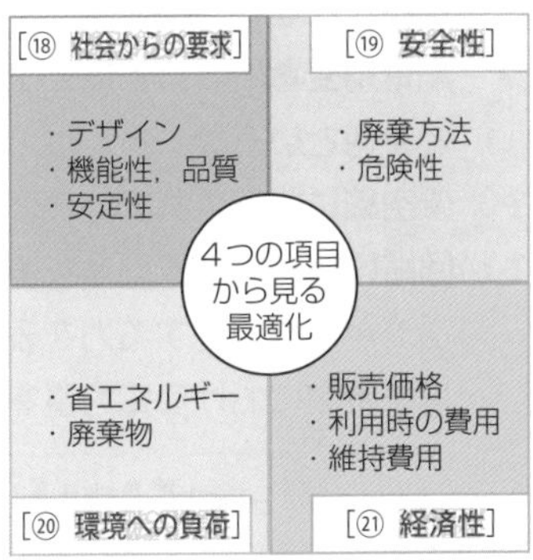


□10 国や地域，世代を超えて社会，環境，経済の３つのバランスがとれた社会を[㉒持続可能な社会]という。

月　日

# 16 さまざまな発電方式

出題重要度 ☆☆☆

問題 次の各問いに答えなさい。

◎主な発電方式と電気の供給

□1 物を燃やして蒸気を発生させ，その力によってタービンを回転させる発電方法は何か。

□2 1で使用する，石炭や石油，天然ガスを総称(そうしょう)して何というか。

□3 1の課題でもある，地球温暖化をもたらす二酸化炭素を含(ふく)めた排気(はいき)ガスを何というか。

□4 ウランなどの核(かく)燃料を使用する発電方式は何か。

□5 山間部に建設され，ダムなどの水を利用する発電方式は何か。

□6 住宅や建物にも設置できるが，天候に左右されやすい発電方式は何か。

□7 発電所でつくられた電気を家庭などに安全に効率よく供給する所はどこか。

□8 発電所でつくられた電気を配電用変電所まで送ることを何というか。

□9 配電用変電所から家庭や工場に電気を送ることを何というか。

□10 架空線に設置されている変圧器を何というか。

□11 回路に流れる電気の量を表す単位は何か。

□12 電流を流そうとする力を表す単位は何か。

□13 単位時間における電力量を表す単位は何か。

解答

1 火力発電

2 化石燃料

解説 地下に埋もれているので地下資源と呼(よ)ばれるものの1つでもある。

3 温室効果ガス

4 原子力発電

解説 海辺に建設されることが多い。

5 水力発電

6 太陽光発電

7 変電所

解説 電気は，発電所から，超高圧(ちょうこうあつ)変電所，一次変電所，中間変電所，配電用変電所などを経て，各家庭に送られる。

8 送電

9 配電

10 柱上変圧器

11 A(アンペア)

12 V(ボルト)

13 Wh(ワット時)

得点アップ UP

◎二酸化炭素排出量(はいしゅつりょう)(設備建設などを含む)

▶火力…738g/kWh(石油)　▶原子力…19g/kWh

▶水力…11g/kWh　▶風力…26g/kWh　▶太陽光…38g/kWh

# 17 電気エネルギーの基礎知識

出題重要度 ☆☆☆

問題 次の各問いに答えなさい。

## ◎電気に関する知識

□ 1 電気回路に流れる電気の流れを何というか。

□ 2 電流を流そうとする力を何というか。

□ 3 電流の流れにくさを何というか。

□ 4 発電所から供給される電気エネルギーで，電圧や電流の向きが変化する電源を何というか。

□ 5 乾電池（かんでんち）や太陽光で発電される電気エネルギーで，電圧や電流の向きが変化しない電源を何というか。

□ 6 電気抵抗（$R$）と電流（$I$），電圧（$V$）との間にある，$V=R\times I$　の関係を何というか。

□ 7 電気抵抗（$R$）に電圧（$V$）を加えたときに流れる電流（$I$）によって，１秒間に消費される電気エネルギーを何というか。

## ◎電気用図記号

□ 8 電源やモータ・発熱体などの負荷（ふか），導線などからなる電気の通り道を何というか。

□ 9 8は，何で定められた（電気用）図記号を用いた回路図で表すか。

□ 10 右の図の電気用図記号は，何を表すか。

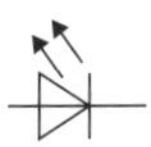

□ 11 右の図の電気用図記号は，何を表すか。

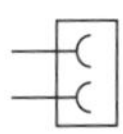

## 解答

1 電流
解説 単位はA（アンペア）を用いる。

2 電圧
解説 単位にはV（ボルト）を用いる。

3 電気抵抗（ていこう）（抵抗）
解説 単位にはΩ（オーム）を用いる。

4 交流（AC）

5 直流（DC）
解説 充電できる電池を二次電池という。

6 オームの法則

7 電力
解説 単位はW（ワット）を用いる。電力$P=I\times V$の関係がある。

8 電気回路

9 JIS（ジス）（日本産業規格）

10 発光ダイオード（LED）

11 コンセント

得点アップUP

◎回路図で利用する電気用図記号の例

電池または直流電流　モータ　ランプ（電球）　電源プラグ（差し込みプラグ）　スイッチ（単極単投）　抵抗器　端子　導線の接続

# 18 エネルギーの変換

出題重要度 ☆☆☆

問題 次の各問いに答えなさい。

## ◎エネルギーへの変換について

□ 1　エネルギーをほかのエネルギーに変えることを何というか。

□ 2　利用されるエネルギーと，供給されるエネルギーとの比を何というか。

□ 3　2によるエネルギー損失を完全になくすことはできるか，できないか。

□ 4　下図のグラフで2が一番高いAは何か。

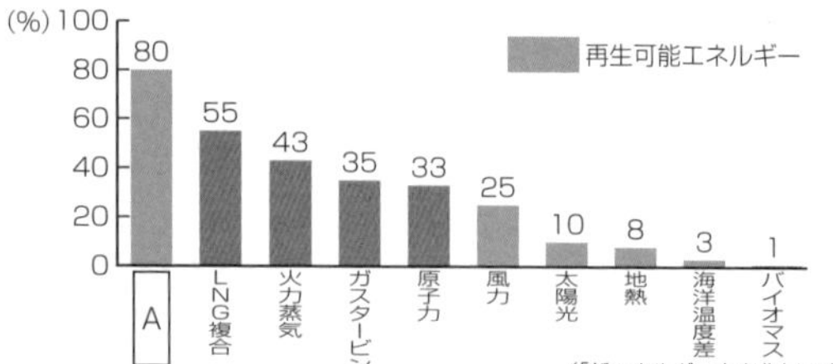


(「新エネルギー大事典」より)

## ◎熱への変換

□ 5　電気エネルギーが抵抗加熱により熱に変換されるのは，どこに電流が流れたときか。

□ 6　熱による異常加熱を防ぐため，温度を一定に保つための装置を何というか。

### 解答

1　**エネルギー変換**

解説 電気毛布やアイロンなどがこのしくみを利用している。

2　**エネルギー変換効率**

3　**できない**

解説 変換効率を100にすることはできないが，高めるための技術開発や改良が進められている。

4　**水力**

解説 多くの情報は伝えにくい。

5　**発熱体**

解説 アイロンやはんだごてなどの発熱体に使われているものはニクロム線である

6　**サーモスタット**

得点アップUP

### ◎電気ストーブと扇風機の回路図

電気ストーブの回路図

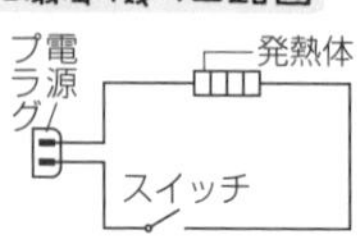


扇風機の回路図

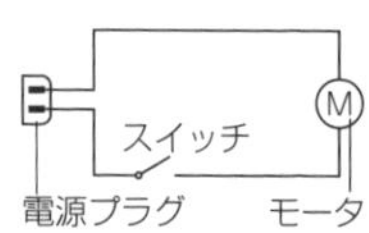

**問題** 次の各問いに答えなさい。

## ◎運動エネルギーへの変換

□7 電気エネルギーを運動エネルギーに変換するものの中で，電流の磁気作用を利用したものは何か。

□8 7の種類で，模型などに使われている，安価で小型なものは何か。

□9 7の種類で，位置や速度などを制御(せいぎょ)することができるものを何というか。

□10 運動エネルギーへの変換の仕組みとして，動力を生み出す動力源を何というか。

□11 実際に仕事をする部分を何というか。

□12 10から11まで動力を伝えるものを何というか。

## ◎発電の仕組み

□13 下図のようにコイルを動かすことで電流が流れる現象を何というか。

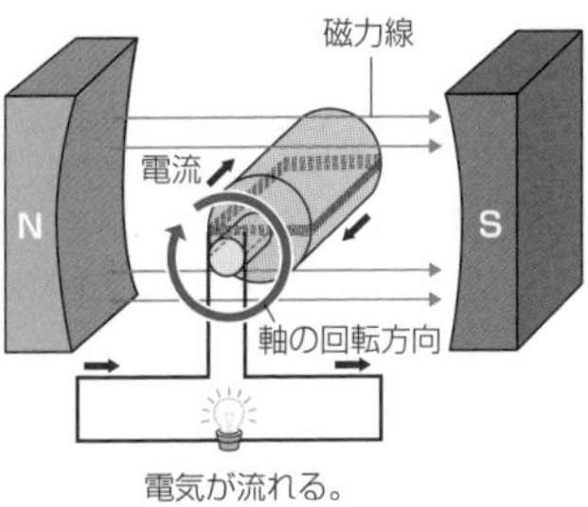


□14 モータは電気エネルギーから運動エネルギーへの変換が行われるが，発電機では運動エネルギーから何に変換されているか。

---

7 **モータ**

8 **直流モータ（直流整流子モータ）**

**解説** 始動時の回転トルクが大きいのが特徴(とくちょう)。

9 **サーボモータ**

**解説** 正確な回転角度や速度を制御できるモーターとしてさまざまな装置に使われている。

10 **原動機**

11 **作業機**

12 **伝動機**

13 **電磁誘導**

**解説** 電磁誘導は，自転車のライトやスマートフォンなどのワイヤレス充電器などでも利用されている。

14 **電気エネルギー**

---

**得点アップUP**

◎エネルギー変換効率を求める

$$\text{エネルギー変換効率(\%)} = \frac{\text{利用されるエネルギー}}{\text{供給されるエネルギー}} \times 100$$

# 19 エネルギー資源の種類

出題重要度 ☆☆☆

問題 次の各問いに答えなさい。

## ◎エネルギー資源の種類

□ 1 太陽光をはじめ，自然界から得ることができるエネルギー資源を何というか。

□ 2 電気や灯油などのように，1 を利用しやすいように変換(へんかん)したものを何というか。

□ 3 地熱や天然ガスは，1 と 2 ではどちらのエネルギーに分類されるか。

□ 4 都市ガスやガソリンは，1 と 2 ではどちらのエネルギーに分類されるか。

□ 5 化石燃料を除く，動植物から得られる生物由来の資源を何というか。

## ◎エネルギーの利用方法

□ 6 石油に代わるエネルギーの総称(そうしょう)を何というか。

□ 7 水力や地熱など，エネルギー資源として永続的に利用可能と認められるエネルギーを何というか。

□ 8 二酸化炭素を発生させず，水の電気分解によって取り出すことのできる元素を使って電気を生み出す発電を何というか。

□ 9 地中深くのマグマの蒸気でタービンを回し，発電する再生可能エネルギーは何か。

## 解答

1 一次エネルギー

解説 このほか，石油，石炭なども一次エネルギーに分類される。

2 二次エネルギー

3 一次エネルギー

4 二次エネルギー

解説 わたしたちは，エネルギーのほとんどを一次エネルギーから二次エネルギーに変換して利用している。

5 バイオマス

6 石油代替エネルギー

解説 実用化でき経済性もよいので十分普及しているエネルギーである。国産エネルギーとしても期待されている。

7 再生可能エネルギー

8 水素発電

9 地熱発電

得点アップUP

◎地熱発電のしくみ

▶マグマの熱から蒸気を発生させタービンを回して発電する。

熱エネルギー（マグマ→蒸気）→ 運動エネルギー（タービン）→ 電気エネルギー（発電機）

# 20 エネルギー変換の技術

出題重要度 ★★☆

問題 次の各問いに答えなさい。

## ◎エネルギー変換技術の課題

□ 1 地球温暖化の原因となる気体を何というか。

□ 2 化石燃料を燃焼したときに発生する 1 は何か。

□ 3 2020年以降の地球温暖化対策の国際的枠組みを定めたものを何というか。

## ◎新しいエネルギー技術の開発

□ 4 急速充電や急速放電が可能な化学電池で，電気自動車で利用されているものは何か。

□ 5 水素と空気中の酸素を化学反応させることで電気を発生させる電池を何というか。

□ 6 潮の満ち引きの力を利用した，環境負荷の小さい発電技術を何というか。

□ 7 省エネルギー技術の１つで，冷媒の性質を使って温度を調節する機械を何というか。

□ 8 加熱装置から出る排気熱を，高温のまま効率的に再利用する技術は何か。

□ 9 製品のサイクル（資源の採取から製造，輸送，使用，廃棄，再生など）を通して，環境への影響を客観的に評価する手法を何というか。

□ 10 循環型社会において求められている3Rとは何か。

## 解答

1 温室効果ガス

解説 二酸化炭素，メタン，一酸化炭素，フロンガスなどがある。

2 二酸化炭素

3 パリ協定

解説 世界の平均気温の上昇を抑えることを目標としている。

4 リチウムイオン電池

5 燃料電池

6 潮流発電技術

7 ヒートポンプ

解説 冷媒を圧縮すると温度が上がり，膨張させると温度が下がる性質を利用している。

8 排気熱利用技術

9 ライフサイクルアセスメント

10 リデュース，リユース，リサイクル

得点アップUP

**◎スマートグリッド**

▶次世代送電網ともいわれ，電力を供給側と需要側の双方向から制御できる送電網で，電力の供給バランスを調整することができる。

# 21 動力伝達のしくみ

月　日

出題重要度 ☆☆☆

問題 次の各問いに答えなさい。

## ◎運動伝達と制御

□ 1　動きを伝えるしくみによって，運動の速さ，力，運動の種類のほか，運動の何を変えることができるか。

□ 2　駆動軸（原動車）と被動軸（従動車）の回転速度の比を何というか。

□ 3　2 について歯車の歯数を数えると，回転速度と何が変化するか。

## ◎歯　車

□ 4　チェーン，平歯車，かさ歯車などはどういう動力で回転運動を伝えるか。

□ 5　右の図の回転運動を伝えるしくみは何か。

□ 6　２軸が離れている場合に使われるしくみで，自転車のベルトに使われているものは何か。

□ 7　オートバイや自転車に取り付けられているしくみで，チェーンとかみ合って回転運動を伝える歯車は何か。

□ 8　２軸の円板を押し付けて摩擦によって回転運動を伝えるしくみは何か。

□ 9　摩擦で伝達する場合，２軸が離れているときに使われる歯車は何か。

## 解答

1　方　向

2　速度伝達比

解説 歯車の歯数やプーリの径で計算する。

3　回転力（トルク）

4　かみ合い

解説 かみ合いは，２軸が近いとき。滑らず確実に回転を伝えることができる。

5　ウォームギヤ

解説 低速回転で大きな回転を取り出せる。ネットの巻き取り装置などに使われている。

6　歯付きベルト

7　スプロケット

解説 回転が速いと音が大きくなる。

8　摩擦車

解説 ２軸の回転方向は逆になる。

9　プーリ

---

得点アップ UP

◎歯車の用途例

平歯車
プリンタなど

かさ歯車
ハンドドリルなど

ラックとピニオン
カメラの三脚など

# 22 運動を変化させるしくみ

出題重要度 ☆☆☆

問題 次の各問いに答えなさい。

◎リンク装置(そうち)とカム装置

□ 1 リンク装置は，回転運動を揺動(ようどう)運動のほかどのような運動に変えることができるか。

□ 2 リンク装置の基本は，何本のリンク（棒(ぼう)）で成り立っているか。

□ 3 回転運動をするものをクランクといい，揺動運動をするものを何というか。

□ 4 右の図のように，クランクの回転運動をてこの揺動運動に変える機構を何というか。

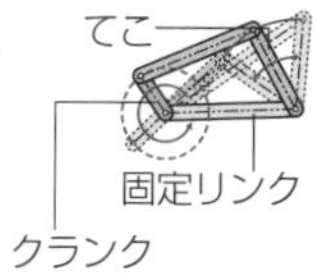


□ 5 クランクの回転運動をスライダの往復直線運動に変える機構を何というか。

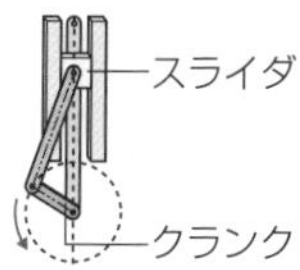


□ 6 右図のように，平行四辺形のような形で，ともに回転運動をする機構を何というか。

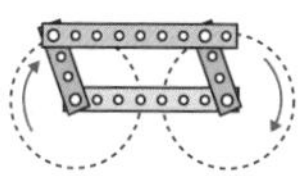

□ 7 カム装置で回転軸(じく)などに取り付けられる卵型などの板を何というか。

□ 8 カム装置では，回転運動をどのような運動に変えるか。

## 解答

1 往復直線運動
解説 逆もできる。

2 4 本
解説 リンクの長さや組み合わせを変えることでさまざまな動きが得られる。

3 てこ

4 てこクランク機構
解説 自動車のワイパーは，てこクランク機構と平行クランク機構を組み合わせてできている。

5 往復スライダクランク機構
解説 4本のリンクのうち1本をスライダに代えることで往復直線運動を得られる。

6 平行クランク機構

7 カム

8 往復直線運動，揺動運動
解説 カムに接する棒や板に運動を伝える。

得点アップUP

◎各機構で得られる運動

▶てこクランク機構…回転運動→揺動運動　▶両てこ機構…揺動運動↔揺動運動　▶往復スライダクランク機構…回転運動→往復直線（往復）運動

月　日

# 23 安全に電気を利用する

出題重要度 ☆☆☆

問題 次の各問いに答えなさい。

## ◎電気機器の安全な使い方

□ 1 電気機器が安全に使用できる電流の限界値を何というか。

□ 2 電気機器が安全に使用できる電圧の限界値を何というか。

□ 3 消費電力が500Wの電気こたつと1250Wのホットプレートをたこ足配線で使用した。延長コードのテーブルタップの定格電流が15A，定格電圧が125Vの場合では，安全か危険か。

□ 4 屋内配線で，危険防止のために回路を自動的に遮断(しゃだん)する装置(そうち)を何というか。

□ 5 定められた温度より周囲の温度がオーバーすると溶(と)けて回路を遮断する部品を何というか。

## ◎電気機器の事故と防止

□ 6 電気回路以外に電流が流れることを何というか。

□ 7 6の電流を大地に導き，感電事故を防ぐ線を何というか。

□ 8 電源プラグとコンセントの間にたまったほこりと湿気(しっけ)が原因でプラグやコンセントの表面が電流によって焦(こ)げる現象を何というか。

□ 9 電圧の異なる2つの電線が接触(せっしょく)して，電線に過大な電流が流れ火花が飛ぶことを何というか。

### 解答

1 定格電流

2 定格電圧

解説 電気機器が安全に使用できる時間の限界値を定格時間という。

3 危険

解説 電気こたつに流れる電流は，5A。ホットプレートに流れる電流は，12.5Aなので，5＋12.5＝17.5Aで15Aを超(こ)えているので危険である。

4 ブレーカ(遮断器)

5 温度ヒューズ

解説 電流については，電流ヒューズがある。

6 漏電(ろうでん)

7 アース線

解説 漏電遮断器の役目をする。

8 トラッキング現象

9 ショート(短絡(たんらく))

得点アップUP

◎電気機器の事故防止策

▶トラッキング現象…プラグの付け根などを定期的に掃除(そうじ)する。

▶ショート(短絡)…コードを踏(ふ)んだりしないようにする。

# 24 機械・電気機器の保守点検

出題重要度 ☆☆☆

問題 次の各問いに答えなさい。

## ◎機械の共通部品と保守点検

□ 1 機械に使われているねじやばねなどの部品は，JISやISOなどの規格によって統一されている。これを何というか。

□ 2 回転運動をする軸(じく)を支え，滑(なめ)らかに回転させる部品を何というか。

## ◎点検用の器具・工具の使い方

□ 3 電圧や電流，抵抗などを測定・計測できる計測機器を何というか。

□ 4 測定したい場所には何を当てるか。

□ 5 赤の 4 は＋(プラス)端子(たんし)に入れるか－(マイナス)端子に入れるか。

□ 6 アナログ式のみ，抵抗(ていこう)を測定するときは，何を行うか。

□ 7 電源プラグを修理する場合，コードを切ったり，ビニル被覆(ひふく)を取ったりすることのできる工具は何か。

□ 8 コードの被覆を簡単に取ることができる工具は何か。

□ 9 つかんだり，挟(はさ)んで曲げるなど細かい作業をするのに使う工具は何か。

## 解答

1 共通部品

解説 共通部品を使うことで，壊(こわ)れた部品の交換(こうかん)がスムーズになり，保守点検の効率が上がる。

2 軸受(じくうけ)

解説 転がり軸受と滑(すべ)り軸受がある。

3 回路計

4 テスト棒(テストリード)

5 ＋(プラス)端子

6 0Ω調整

7 穴あきニッパ

解説 心線の大きさに合ったものを用いる。

8 ワイヤストリッパ

9 ラジオペンチ

得点アップ UP

◎電子部品のはんだづけの方法

▶①リード線を基板の穴に通す。②接合部をこてで加熱する。③はんだを当て，溶(と)け出したら離(はな)す。④こて先を離し，余分なリード線を切断する。

月　日

# 特集 2 図表でチェック

出題重要度 ☆☆☆

問題 図を見て，[　]にあてはまる語句を答えなさい。

## ① エネルギーの種類

□ 1 太陽光のように，自然界から得ることができるエネルギーを[①一次エネルギー]といい，電気やガソリンのように，①を変換(へんかん)したものを[②二次エネルギー]という。

□ 2 エネルギー資源として永続的に利用できるものを[③再生可能エネルギー]といい，[④水力発電]や[⑤太陽光発電]などがある。

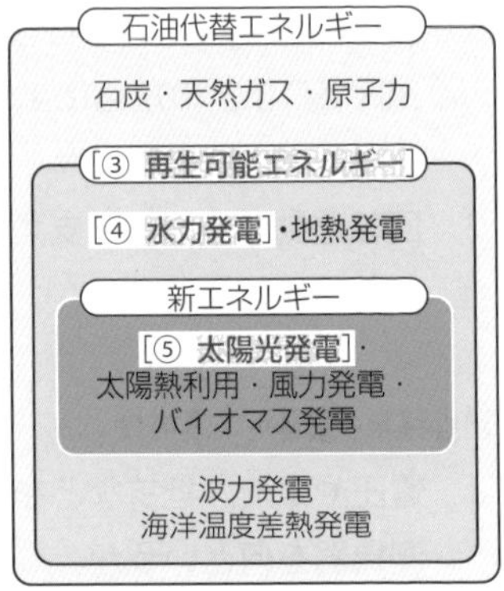


## ② 主な発電方式の特徴

□ 3 発電時のコストは，[⑥太陽光発電]が一番高く，石油による火力発電，[⑦風力発電]，水力発電も比較(ひかく)的高い。一方，[⑧原子力発電]は低い。二酸化炭素排出(はいしゅつ)量は，[⑨火力発電]は高く，風力発電や⑧は少ない。

発電時のコストとエネルギー変換効率

| 発電方式 | 発電単価(円／kWh) | 変換効率(%) |
|---|---|---|
| 水力 | 11 | 80 |
| LNG | 13.7 | 55 |
| [⑧原子力] | 10.1 | 33 |
| [⑥太陽光] | 29.4 | 10 |
| [⑦風力] | 21.6 | 25 |

発電別の$CO_2$排出量

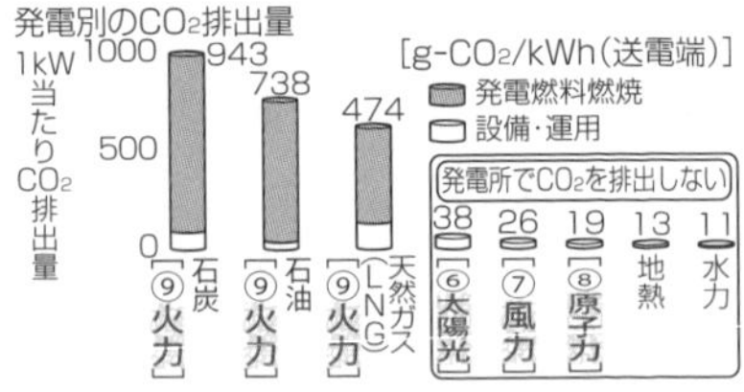


## ③ 電気エネルギーの基礎知識

□ 4 センサライト付き写真立ての回路図で，⑩は[⑩電源プラグ]で，⑪は[⑪発光ダイオード]，⑫は[⑫抵抗器]である。

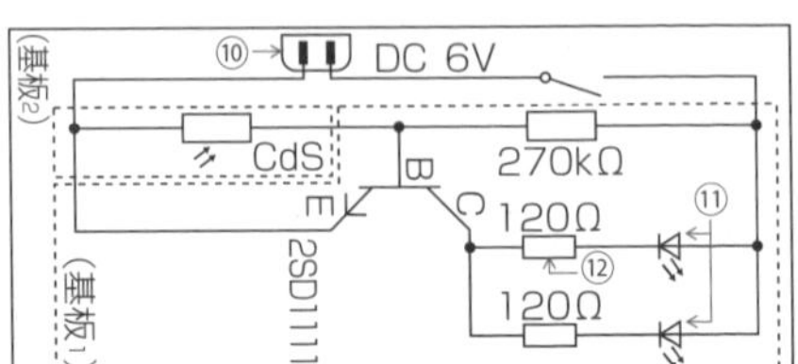

## ❹ 運動を伝達する

□ 5　リンク装置は，リンクの組み合わせで，回転運動を揺動(ようどう)運動や[⑬往復直線運動]などに変える。⑭は[⑭両てこ機構]で２本のリンクが[⑮揺動運動]を行う。

□ 6　カム装置は，[⑯カム]が回転して回転運動を⑬に変える。

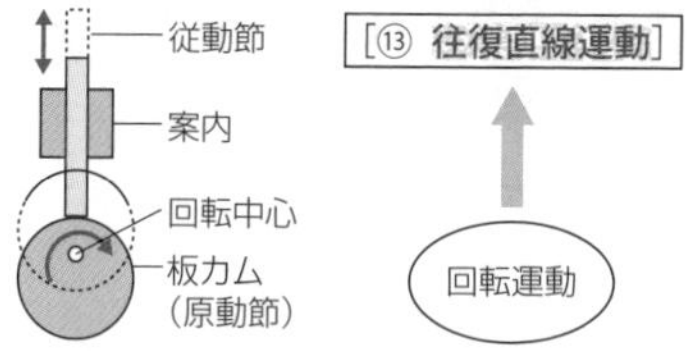


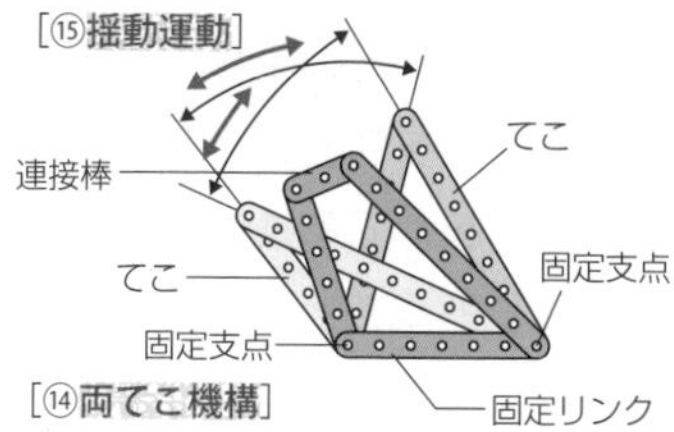


## ❺ 動力エネルギーへの変換(へんかん)

□ 7　モータは[⑰電磁誘導(ゆうどう)]によって電流が流れることを利用している。⑱のモータは[⑱直流整流子モータ]で，回転速度の制御ができ，始動時の[⑲回転トルク]が大きい。

□ 8　[⑳ステッピングモータ]は,回転量を角度単位で調整し，精密に動かすことができる。

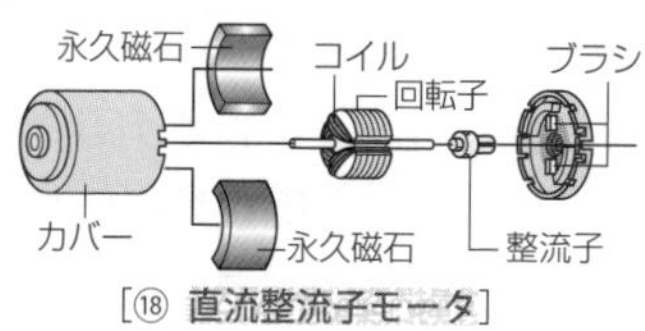


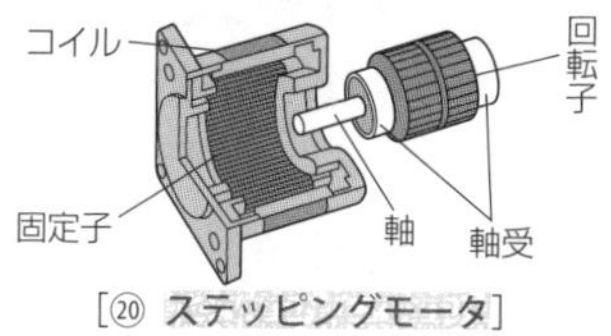


## ❻ 電気機器の保守点検

□ 9　右の図の電源プラグの修理の順序を記号で答えると，[㉑D→E→F→A→C→B]となる。

□10　リード線の被膜(ひまく)を取るには[㉒心線]の太さに合った穴あきニッパを用いる。そして㉒に沿って被膜を引き切る。

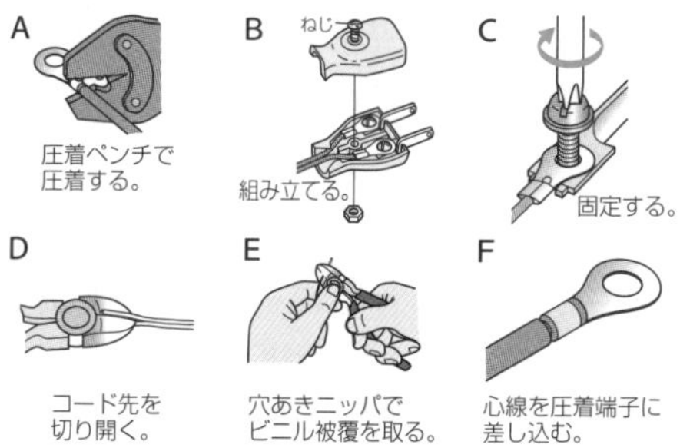

# 25 生物を育てる

月　日

出題重要度 ☆☆☆

問題 次の各問いに答えなさい。

### ◎生物を育てる意味と目的

□ 1 人間が安心して生活するために，人間が作物や家畜などの生物の世話をし，生活に役立てることを何というか。

□ 2 生物を育てる技術の有効活用はどのような社会を築くことに役立つか。

### ◎作物を管理する技術

□ 3 作物の成長に影響する環境要因には，生物要因，土壌要因以外に何があるか。

□ 4 屋外の畑などで作物を育てることを露地栽培というのに対して，施設内で温室や光，養分などを制御して生産することを何というか。

### ◎作物を育てる技術

□ 5 収穫量や作業効率をよくするためには，作物の何を考えた栽培が必要か。

□ 6 トマトの第１花房は本葉の何番目に付くか。

□ 7 トマトの１段目の花房とほかの花房では出てくる方向が同じか違うか。

## 解答

1 生物育成

2 持続可能な社会

3 気象要因

4 植物工場

解説 最近では，太陽光を使わずに環境を制御した植物工場も増えており，培養液で栽培されることもある（養液栽培）。ほかには，鉢やコンテナを使った容器栽培もある。

5 規則性

6 ８葉から９葉目

解説 その後は，３葉おきに花房を付ける。

7 同じ

解説 葉と花房は出てくる方向が決まっていて，上から見ると十字に見える。第１花房を外側に向けて植えると収穫が容易。

得点アップ UP

◎作物の成長を管理する技術と目的

- 種まきや移植・定植…育成場所の提供
- 間引き…栽培に適した苗を選ぶ
- 摘芽・摘しん…栄養管理
- 受粉…収穫量の安定

# 26 土づくりと肥料

出題重要度 ☆☆☆

問題 次の各問いに答えなさい。

### ◎栽培に適した土と構造

□ 1 植物がよく育つ土とは，水分や養分を保ち，通気と何がいいとよい土か。

□ 2 1の条件を満たした，土の細かな粒子が集まった塊があり，すきまも大きい土の構造を何というか。

□ 3 2に対して，小さな粒子だけで，塊にならない土の構造を何というか。

□ 4 土をやわらかくし，通気性や保水性を高める効果を持つものを何というか。

□ 5 植物の生育に適した酸度は何か。

### ◎肥　料

□ 6 作物の生育に大きく影響し，多量に必要である養分を総称して何というか。

□ 7 6に含まれる要素名は何か。

□ 8 7の中で，葉や根の成長に役立つものは何か。

□ 9 7の中で，光合成を活発にし，果実や根の成長を促すものは何か。

□ 10 動植物や動物の排泄物などを原料にし，微生物やミミズによって分解される肥料を無機質肥料（化学肥料など）に対して何というか。

## 解答

1 水はけ

2 団粒構造

3 単粒構造

解説 この土は，植物の生育に適さないので，腐葉土などと混ぜて，よく耕せば団粒構造の土ができる。

4 腐葉土

5 中性から弱酸性

解説 酸性を中性に戻すには苦土石灰を土に混ぜる。

6 肥料の三（大）要素

7 窒素（チッ素・N），リン（P），カリウム（K）

8 窒素（チッ素・N）

9 カリウム（K）

解説 リンは成長の盛んな部分などの発育に必要。

10 有機質肥料

解説 油かす，骨粉など。

得点アップ UP

◎肥料の与え方

▶元肥…作物を植える前に土に施しておく肥料。作物によって入れ方が違う。

▶追肥…生育状態に応じて入れる肥料。株間などに何回かに分けて与える。

# 27 種まき～植えつけ



出題重要度 ☆☆☆

問題 次の各問いに答えなさい。

◎種まき

□1 コマツナなど普通の種をまくときに適したまき方を何というか。

□2 レタスやペチュニアなど細かい種をまくときに適したまき方を何というか。

□3 種の大きいものや移植に適さないものを直接畑などにまく方法を何というか。

□4 作物のたねが生育を休止した状態を休眠というが，休眠状態のたねをめざめさせるための処理を何というか。

□5 種の発芽には，適度な温度と水以外に何が必要か。

◎育苗と植えつけ

□6 種を多くまいたあと，苗の発育などをそろえるために，栽培に適した苗を残すことを何というか。

□7 苗の乾燥を防ぐためにポットなどに移植することを何というか。

□8 よい苗を選ぶとき，葉の間隔は短い方がよいか，長い方がよいか。

□9 移植のあとに植える場所を変えない植えつけを何というか。

□10 植えつけで根について注意することは何か。

解答

1 すじまき
解説 間引きをしやすい。

2 ばらまき

3 じかまき
解説 これらのほかには，箱まき，ポットまきなどがある。

4 発芽処理

5 酸素
解説 発芽には，光を必要とするものとそうでないものがある。

6 間引き
解説 子葉が開ききったら行う。

7 鉢上げ

8 短い方
解説 葉は大きく，厚く，緑の濃いのがよい。

9 定植

10 根を傷つけないようにする

得点アップUP
◎繁殖の方法
▶さし芽…伸びてきた枝をミズゴケなどにさす方法。▶株分け…球根類や株立ちの作物で行う方法。▶分球…根に芽を付けて切り分ける方法。

# 28 定植後の管理

出題重要度 ☆☆☆



問題 次の各問いに答えなさい。

## ◎土の管理

□ 1 同じ土地に同じ種類の作物を栽培すると病虫害が発生しやすいことを何というか。

□ 2 1を防ぐために，同じ土地に性質の異なった作物を計画的に栽培することを何というか。

## ◎作物の管理

□ 3 はねた水が作物にかからないように注意するのはなぜか。

□ 4 鉢やプランターで，どのような目安でかん水(水やり)を行うか。

□ 5 かん水(水やり)以外に，日常で必要な作物管理は何か。

□ 6 余分なえき芽(わき芽)を取ることを摘芽というのに対し，茎の先端部の芽(頂芽)を取ることを何というか。

□ 7 支柱立ての後，茎が風や実などの重さで倒れるのを防ぐために，茎(葉と葉の間の節間)と支柱をひもなどで結ぶことを何というか。

□ 8 キュウリやナス，トマトなどで，葉や茎が白っぽくなる病気を何というか。

## 解答

1 連作障害

2 輪作

3 病気や害虫の発生源になるから

解説 根元にていねいに与える。

4 底から水が出るまで

5 除草

解説 雑草は，土の養分を吸収し，日当たりを悪くするので，根からとる。

6 摘しん

解説 摘芽をすると，花や果実が大きくなる。摘しんをすると，えき芽(わき芽)が出やすくなるが，果実も大きくなる。

7 誘引

解説 茎は太くなるのでゆとりを持たせて結ぶ。

8 ウドンコ病

---

得点アップ UP

◎定植後のそのほかの管理

▶土寄せ…苗の根元に土をかけること。苗が倒れるのを防ぐ。▶中耕…浅くうねを耕すこと。通気性をよくする。▶マルチング(マルチ栽培)…うねや株元にポリエチレンフィルムなどを覆うこと。作物の成長を促進する。

月　日

# 29 動物を育てる

出題重要度 ☆☆☆

問題 次の各問いに答えなさい。

## ◎家畜の飼育環境と習性

□ 1 人間に飼い慣らされ，保護されて繁殖し，労力や食用になって人間の生活に役立つ動物を何というか。

□ 2 環境の変化や外敵から身を守る行動や，食習慣などの特性を何というか。

□ 3 家畜をとりまく環境の中で，有益と害の両方があり，微生物やほかの家畜の影響を受ける要因を何要因というか。

□ 4 家畜をとりまく環境の中で，ガスや音などで動物のストレスになる要因を何要因というか。

□ 5 日本では放牧地になる土地が少なく，雨が多いため，飼育の大部分はどこで行われているか。

## ◎家畜の管理技術

□ 6 動物の種類や発育段階に合わせたえさを与えることを何というか。

□ 7 家畜を健康に飼育するためには，6 の管理以外に，環境・衛生の管理ともう１つ何が重要か。

□ 8 7の環境・衛生の管理の中で，日常行われる環境の管理として重要なことは畜舎内の換気と何か。

□ 9 ICTなどの先端技術を活用し，超省力化や高品質化を可能にする農業を何というか。

## 解答

1 家畜

2 習性
解説 動物によって行動する時間帯，食べ物の好みなどを考えた飼育をする。

3 生物的要因

4 物理的要因

5 屋内
解説 動物の健康のため陽をあびたり，運動をするための場所が必要である。

6 給餌
解説 乳牛の飼料には，牧草などの粗飼料とトウモロコシなどの濃厚飼料がある。

7 繁殖

8 清掃
解説 衛生面では，消毒や予防薬の投与などが必要である。

9 スマート農業

得点アップUP

◎乳牛の一生（メスの場合）

▶誕生→人工受精（約2年後）→出産（10か月）→人工受精→誕生→人工受精

搾乳　乾乳

# 30 水産生物の栽培

出題重要度 ☆☆☆

問題 次の各問いに答えなさい。

## ◎水産生物の生育環境と習性

□ 1 海洋，河川，湖などから産する動物や植物で，食品や生活に利用される生物を何というか。

□ 2 1を栽培する場合，食性や何を考えて栽培対象を選ぶことが必要か。

## ◎水産生物の栽培の管理技術

□ 3 水産生物を安定して供給するための技術を何というか。

□ 4 増殖技術の中で，水産生物の稚魚を人の手である程度の大きさまで成長させたあと，河川や海岸に放つことを何というか。

□ 5 水産生物の卵を人工的にふ化させ，人工の餌を与えて外敵から身を守ることができるまで成長したら生育に適した場所に放流する漁業は何か。

□ 6 生育や繁殖のために，水産生物をある場所からほかの場所に移すことを何というか。

□ 7 3では，養殖環境の整備や何を行うことが，水産生物の管理として重要か。

□ 8 7で，魚に与えるとき，餌のサイズは何の大きさによって調整するか。

### 解答

1 水産生物

2 成長の特性

解説 特性に配慮した温度で餌をやったり，卵をふ化させたりする。

3 養殖技術

4 放流

解説 稚魚とは，親と同じ形に成長したが繁殖にはまだ至らない魚のこと。

5 栽培漁業

解説 クルマエビやアワビなどがこの方法で生産されている。

6 移植

7 給餌

解説 養殖は，稚魚を養殖場で成魚まで生育すること。完全養殖は，人工ふ化で育った親魚の卵を再びふ化させ育てること。

8 魚の口の大きさ

---

得点アップUP

◎水産生物の生息場所

▶アワビ…水温14～25℃・水深2～20m　▶マダイ…水温15～25℃・水深30～200m　▶クルマエビ…水温13～25℃・水深干潟～100m

# 31 コンピュータの基本的なしくみ

月　日

出題重要度 ☆☆☆

問題 次の各問いに答えなさい。

### ◎コンピュータ機器の構成

□ 1　コンピュータの本体や周辺機器をハードウェアというのに対して，ハードウェアを動作させ，データを処理する手順を定めたプログラムを何というか。

□ 2　ハードウェアでコンピュータの本体で処理されたデータを画面や印刷物などの形に出力する装置を何というか。

□ 3　コンピュータの中心部分で，データを処理し，ほかの装置を制御（せいぎょ）する装置を何というか。

□ 4　3 で処理されたプログラムやデータを一時的に記憶（きおく）させておく装置は補助記憶装置と何か。

□ 5　1 を大きく分けた場合，文章をかく，映画を鑑賞（かんしょう）するなど，特定の目的とする作業を行うプログラムを何というか。

### ◎コンピュータの機能

□ 6　コンピュータの機能で，情報を処理したり，記憶した問題を判断したりする機能は何か。

□ 7　コンピュータの機能で，命令や計算の結果を覚えておくための機能は何か。

□ 8　コンピュータの機能で，6，7 の機能などが順序正しく実行するための機能は何か。

## 解答

1　ソフトウェア

2　出力装置

解説 これに対し，文字や画像などのデータを入力する装置を入力装置という。

3　中央(演算（えんざん）)処理装置(CPU)

4　主記憶装置(メインメモリ)

5　応用(アプリケーション)ソフトウェア

解説 基本ソフトウェア(OS)は，応用(アプリケーション)ソフトウェアが効率よくはたらくよう管理する。

6　演算機能

7　記憶機能

8　制御機能

解説 それぞれの機能を演算装置，記憶装置，制御装置が果たす。

得点アップ UP

◎出力装置と入力装置

▶出力装置…プリンタ，スピーカ，ディスプレイ

▶入力装置…キーボード，マウス，イメージスキャナ，デジタルカメラなど

# 32 情報処理のしくみ

出題重要度 ☆☆☆

問題 次の各問いに答えなさい。

◎情報の処理

□ 1 コンピュータは，入力した情報を記憶し，演算処理して，何を行ったのち，出力するか。

□ 2 コンピュータでは，処理できるように情報を何に変えて処理されるか。

□ 3 すべての情報をコンピュータで扱うことのできる0と1の２種類の数字の並びに変換することを何というか。

□ 4 3に変換された情報の特徴として，さまざまな情報をまとめて保存できる，コンピュータで扱いやすい以外に何があるか。

◎情報の量と保存

□ 5 印刷された文書を画像データとして電子メールで送る場合の欠点は何か。

□ 6 デジタル化された情報の量の最小単位を何というか。

□ 7 ８ビットは何バイトか。

□ 8 １キロバイトは何バイトか。

□ 9 データの１つのまとまりを何というか。

□ 10 デジタル化された情報を保存するDVD，ブルーレイ・ディスクなどを何というか。

解答

1 (その結果の)記憶

2 電気信号

解説 内部では，音声，画像，文字などを区別しないで処理する。

3 デジタル化

解説 アナログは連続した変化を表現する。

4 正確に伝わる

5 データの量が多くなる

6 ビット(bitまたはb)

解説 １ビットでは，２通りの情報を区別できる。

7 1バイト

8 1024バイト

9 ファイル

解説 フォルダに入れて分類，管理できる。

10 記憶媒体(記録メディア)

得点アップUP

◎記憶容量

▶ 1バイト(1B)＝半角英数字１文字分　２バイト(2B)＝ひらがな１文字分

1キロバイト(1KB)＝ひらがな512文字分

月　日

# 33 情報ネットワークと利用

出題重要度 ☆☆☆

問題 次の各問いに答えなさい。

### ◎ネットワークの種類と構成

□ 1 コンピュータ同士を接続して，互いに情報をやりとりできるようなしくみを何というか。

□ 2 コンピュータだけではなく，電話やテレビなど通信・放送機器などを接続したものを何というか。

□ 3 世界的な規模で広がる 1 を何というか。

□ 4 家庭で，3 に接続する場合は，接続サービスを提供する会社の何を介(かい)さなければならないか。

□ 5 家や学校など構内(こうない)の狭(せま)い範囲で接続されているネットワークを何というか。

### ◎ネットワークで可能なこと

□ 6 Webページを閲覧(えつらん)するときには何が必要か。

□ 7 Webページの内容を表示させる場合に必要な，Webページの住所に当たるものは何か。

□ 8 情報の検索(けんさく)にはどんなプログラムを利用するか。

□ 9 インターネットに接続された特定のコンピュータを識別するための識別番号は何か。

□10 ネットワーク上で情報をやりとりするときの約束事を何というか。

□11 10 の中で，通信データを何と呼(よ)ばれる小さな単位に分割して通信することが決められているか。

### 解答

1 (コンピュータ)ネットワーク

2 情報通信ネットワーク

3 インターネット

4 プロバイダ

5 LAN(ラン)

解説 LANを構成するときは，ハブを使いサーバやコンピュータを接続する。広い地域のネットワークはWAN(ワン)という。

6 ブラウザソフトウェア

7 URL(ユーアールエル)

8 検索エンジン

9 IPアドレス

10 通信プロトコル(通信規約)

11 パケット

解説 通信回線を効率化。

---

得点アップ UP

◎電子メールの送受信

①メールソフトウェアを起動する→②相手のメールアドレスに送信する→③相手のメールサーバに届く→④相手がメールソフトウェアを起動して受信する

# 34 情報セキュリティ

出題重要度 ☆☆☆

問題 次の各問いに答えなさい。

## ◎情報セキュリティの技術と対策

□ 1 ネットワークを常に安心して使える状態を保つための技術や対策を何というか。

□ 2 なりすましなどコンピュータへの不正侵入(しんにゅう)や保存されているデータの不正使用を防ぐ対策で，正当な利用者かどうか確認するものを何というか。

□ 3 2を行う際には，主に何と何を組み合わせて使用するか。

□ 4 通過させる情報とそうでない情報を選別して外部からの攻撃(こうげき)や不正アクセスを防ぐしくみを何というか。

□ 5 情報の改ざんなどを防ぐために，特定の人だけが内容を知ることができるようにほかの記号などに変換(へんかん)することを情報の何というか。

□ 6 データの破壊(はかい)や情報の流出などトラブルを起こす目的で作られたプログラムを何というか。

□ 7 ネットワークの故障(こしょう)や障害でシステム停止した場合に備えて，リアルタイムにデータをコピーして保存しておくことを何というか。

□ 8 Webページで得た情報は，情報の内容の何について検討することが大切か。

□ 9 悪質なWebページの閲覧(えつらん)や迷惑(めいわく)メールなどを制限したり，遮断(しゃだん)することを何というか。

### 解答

1 情報セキュリティ

2 認証(にんしょう)システム

3 (ユーザ)IDとパスワード

解説 パスワードは，他人から想像されやすいものは使わない，定期的に変更することなどが大切である。

4 ファイアウォール

5 暗号化

6 コンピュータウイルス

解説 日頃(ひごろ)からウイルス対策のソフトウェアを利用してウイルスチェックを行うことが大切である。

7 バックアップ

8 信頼性

9 フィルタリング

解説 携帯(けいたい)電話でもフィルタリングはできる。

得点アップUP

◎コンピュータウイルスの感染(かんせん)防止

①最新のウイルス対策ソフトウェアを使用する。②不審(ふしん)な電子メールは開かない。③不審なファイルはダウンロードしない。

# 35 情報モラルと知的財産権

出題重要度 ☆☆☆

問題 次の各問いに答えなさい。

## ◎情報モラル

□ 1 情報社会で互いが快適な生活，正しい行動を行う基（もと）となる考え方や態度を何というか。

□ 2 電子メールやWebページなどで発信する場合，他人の生活の秘密などを勝手に公開をすると人権や何の侵害（しんがい）になるか。

□ 3 インターネット上で間違った情報を入手しないためには，情報の何を確かめる必要があるか。

□ 4 雑誌の懸賞（けんしょう）に応募（おうぼ）したら，知らないところからダイレクトメールが届いた。この場合，何が起きたと考えられるか。

## ◎知的財産の保護

□ 5 小説や絵画，発明など人間の知的な創作活動によって作り出されたものを保護する権利は何か。

□ 6 5は大きく2つに分けると，発明などに関係する産業財産権と著作物に関係する何という権利か。

□ 7 6が放棄（ほうき）されているか，消滅（しょうめつ）している状態を何というか。

□ 8 ほかの著作物から文章や図表を使うことを何というか。

## 解答

1 情報モラル

2 プライバシー

解説 他人への誹謗（ひぼう），中傷（ちゅうしょう）などで人権やプライバシーを侵害しないように注意する。

3 信ぴょう性

解説 信頼性の高い検索（けんさく）方法の1つに「サイト内検索」がある。

4 個人情報が流出した

解説 名前や住所，電話番号，はっきりとその人と特定できる顔写真などは個人情報になる。

5 知的財産権

6 著作権

7 パブリックドメイン

8 引用

解説 自由に使うことができるが，事前に使用条件の確認をすることが必要。

得点アップUP

◎産業財産権の例

▶特許（とっきょ）権…新技術やアイディアを保護（特許法）　▶実用新案（じつようしんあん）権…構造や形状のアイディアを保護（実用新案法）　▶意匠（いしょう）権…独自性のあるデザインを保護（意匠法）　▶商標（しょうひょう）権…製品の名前や包装のマークを保護（商標法）

# 36 システム制御

出題重要度 ☆☆☆

問題 次の各問いに答えなさい。

### ◎コンピュータによる制御

□ 1 エアコンや炊飯器などコンピュータで制御される機器で周囲の状況の変化などを計測する部分を何というか。

□ 2 コンピュータは，計測された情報を基に，判断して適切な何をするか。

□ 3 コンピュータの命令に基づいて仕事をする部分は何か。

□ 4 1 の情報とコンピュータ，コンピュータの情報と 3 をつなぐ役割をするのは何か。

### ◎情報処理とプログラム

□ 5 コンピュータの仕事(処理)の手順を一定の規則に従い命令の形で記述したものを何というか。

□ 6 5 を記述するための言語を何というか。

□ 7 コンピュータに目的の仕事を達成させるまでの情報処理の手順を示した流れ図を何というか。

□ 8 7 の基本となる３つの仕事の手順とは，順次(順次処理)，反復(条件くり返し)ともう１つ何か。

□ 9 プログラムを実行して思うように動かないときは，原因を考えプログラムに何を加えるか。

## 解答

1 センサ

解説 フォトトランジスタや赤外線センサなど。光や赤外線を電気信号に変換する。

2 命 令

3 アクチュエータなど

解説 モータ(動力)やLED(光)，電磁石など。電気信号によって動く。

4 インタフェース

5 プログラム

6 プログラミング言語

解説 教育用に開発されたBASIC言語のほかC言語，FORTRAN言語，簡易言語などがある。

7 フローチャート

8 分岐(条件分岐)

9 修 正

得点アップUP

◎情報処理の手順

▶手順の基本の流れは右の図のように３つあり，それぞれ特徴がある。

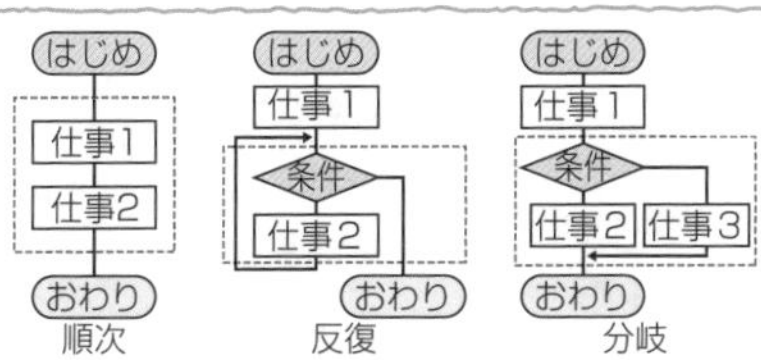

# 37 コンテンツの制作，改善・修正

出題重要度 ☆☆☆

問題 次の各問いに答えなさい。

◎コンテンツとは

□ 1 文字や音声，静止画，動画などの表現手段を何というか。

□ 2 デジタル化された 1 を組み合わせて，意味のある情報として表現されたものを何というか。

□ 3 2 について，使う人の働きかけ（入力）によって，応答（出力）する機能のことを何というか。

□ 4 3 のあるコンテンツの身近な例として，何があるか。

◎コンテンツに利用されているメディアの特徴（とくちょう）

□ 5 文字の特徴は簡単につくれて修正できることであるが，データ量は多いか，少ないか。

□ 6 音声の特徴は，視覚に障がいがある人にも内容が伝えられることであるが，データを修正しやすいか，修正しにくいか。

□ 7 静止画の特徴は，デジタルカメラで簡単に作成できることであるが，見ることで伝えられる情報は多いか，少ないか。

□ 8 動画の特徴は，多くの情報に動きをつけて伝えられることであるが，データ量は多いか，少ないか。

## 解答

1 メディア

2 コンテンツ

3 双方向性（そうほうこうせい）

4 SNS

解説 SNS（ソーシャル・ネットワーキング・サービス）は，登録された利用者同士が交流できるWebサイト。

5 少ない

解説 多くの情報は伝えにくい。

6 修正しにくい

解説 データ量はやや多い。

7 多い

解説 データは修正しにくい。

8 多い

解説 編集でさまざまな効果をつけられる。

---

得点アップUP

◎双方向性のコンテンツの例

▶さまざまな言語を翻訳（ほんやく）する「翻訳システム」 ▶災害時の避難（ひなん）ルートを知ることができる「防災マップ」 ▶連絡をスムーズにとるための「伝言板」や「チャット」など

**問題** 次の各問いに答えなさい。

### ◎コンテンツの制作

□ 9　コンテンツの制作時に，目的・対象・必要な機能などを考えることを何というか。

□10　9 をもとにコンテンツを設計するときは，何を意識して設計することが大切か。

□11　9 をもとに設計したものを，実際に形にすることを何というか。

□12　情報処理の手順を整理するための右のような図を何というか。

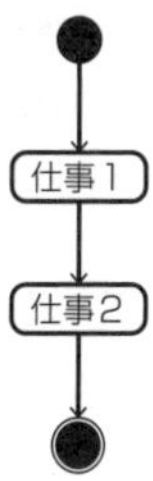


□13　11 では小さい処理のプログラムをどのように作るのが効率的か。

□14　プログラムを作り実行するときに，不具合やプログラム内にある誤りを何というか。

□15　14 を修正する作業を何というか。

### ◎コンテンツの評価や改善・修正

□16　次の問題解決に活用するには，制作したコンテンツを評価し，何を繰り返すことが大切か。

□17　コンテンツを利用する多くの人のために，文字の読みやすさや操作のしやすさなどを意識したデザイン設計を何というか。

9　**構想**

10　**情報の受け手**

11　**制作**

12　**アクティビティ図**
**解説** コンテンツの全体像や手順が整理され，作業が明確になる。

13　**複数人で分担**
**解説** 社会のさまざまなプログラムも多くの人が関わって作られている。

14　**バグ**

15　**デバッグ**
**解説** プログラムを作成するうえで重要な作業。

16　**改善や修正**
**解説** 個人やグループで解決できた課題と解決できなかった課題について確認することが大切。

17　**ユニバーサルデザイン**
**解説** 建物や製品を設計する上で必要とされている「ユニバーサルデザイン」と同じ考え方。

**得点アップ UP**

⊙コンテンツの内容チェック
▶個人情報，著作権に配慮しているか。▶見やすいレイアウトか。
▶他人を傷つけるような内容，表現はないか。▶伝えたい内容が明確か。
▶メディアの特徴が生かせているか。▶データ量を少なくしているか。

# 特集 3 図表でチェック

出題重要度 ★★☆

問題 図を見て，[　]にあてはまる語句を答えなさい。

## 1 土つくりと肥料

□ 1 生物の育成に適した土をつくるには，土の細かな粒子(りゅうし)が集まって小さな塊(かたまり)となった[①団粒(だんりゅう)構造]にすることが大切である。粒子だけで塊にならない[②単粒構造]は育成に適さない。

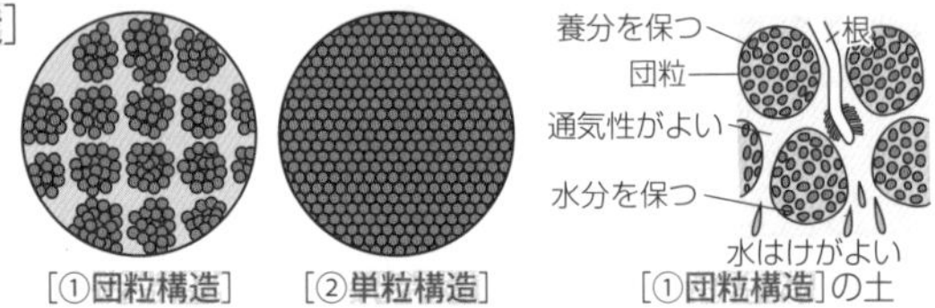


## 2 トマトの栽培(さいばい)

□ 2 トマトは定植後に[③支柱]を立て，土の表面が乾(かわ)き始めたら[④水やり]をする。その後，茎(くき)の先端部(せんたんぶ)を切る摘(てき)しんや[⑤摘芽]を行う。⑤では余分なえき芽(わき芽)を取り，花や果実を成長させる。茎が葉や実の重さで傾(かたむ)いてきたら，[⑥誘引(ゆういん)]を行う。

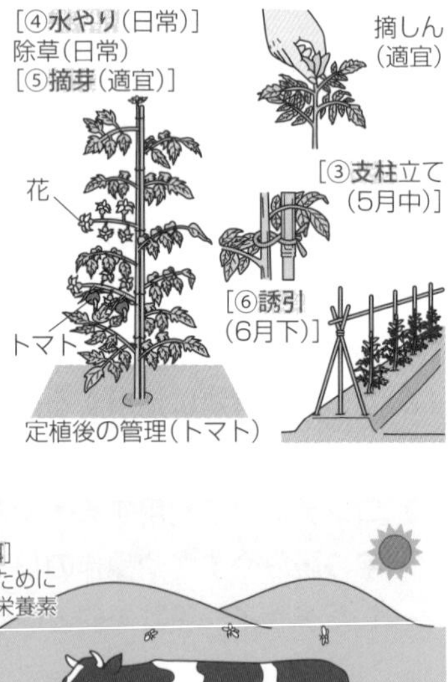


## 3 動物の飼育

□ 3 動物の飼育では，成育に必要な栄養素の[⑦給餌(きゅうじ)]，換気(かんき)や清掃(せいそう)などの環境・[⑧衛生]管理，そして動物がストレスなく健やかな生活ができるよう[⑨動物福祉(ふくし)]の視点をもつことも大切である。

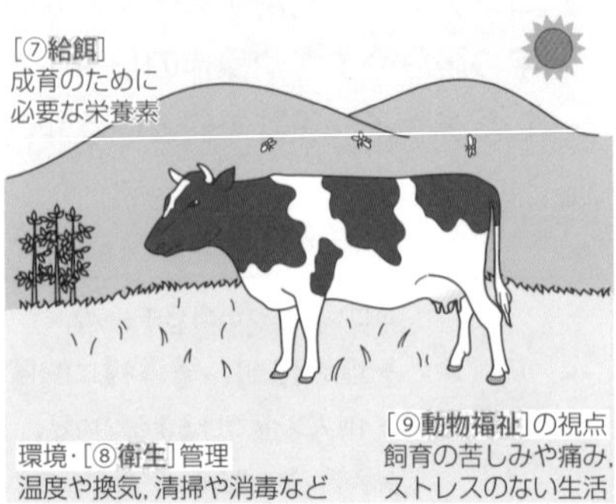

## ④ コンピュータのしくみ

□4 コンピュータを構成する装置には，キーボードなどの[⑩入力装置]とディスプレイなどの[⑪出力装置]がある。また，コンピュータ本体には，情報を処理する[⑫演算装置]と各機能を順序正しく実行するための[⑬制御装置]を持つ中央演算処理装置がある。また，命令や処理結果を覚えておく[⑭記憶装置]もある。

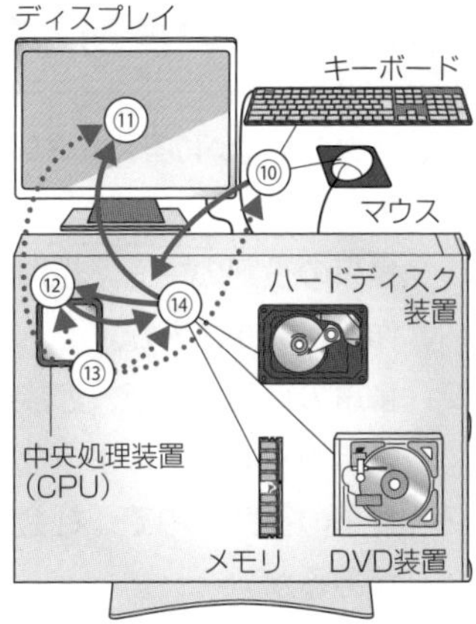


## ⑤ ネットワークの構成

□5 コンピュータとテレビなどを接続したものを[⑮情報通信ネットワーク]いう。この中には，狭い範囲のネットワークの[⑯LAN]や広い地域での[⑰WAN]，また，世界的規模のネットワークである[⑱インターネット]がある。

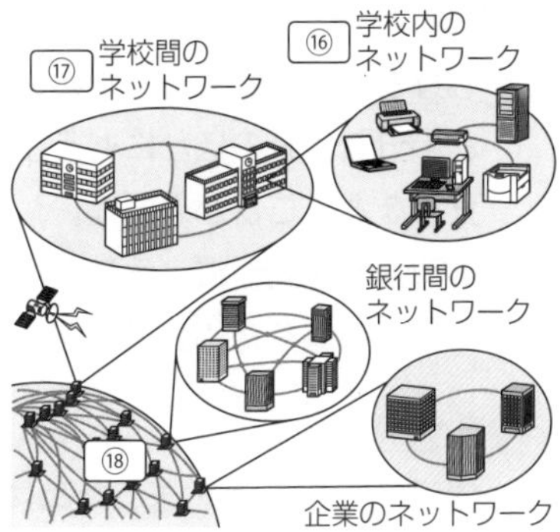


## ⑥ 計測・制御システム

□6 コンピュータ制御機器は，周囲の状況を計測する[⑲センサ]とその情報を判断処理し命令を出すコンピュータとその命令に基づいて仕事をする[⑳アクチュエータ]などで構成されている。センサとコンピュータのつなぎ役は[㉑インタフェース]が行う。

●計測・制御システム

| 状況を計測 | 信号の変換・伝達 | 判断・命令 | 信号の変換・伝達 | 動作 |
|---|---|---|---|---|
| [⑲センサ] ▶ | [㉑インタフェース] ▶ | コンピュータ ▶ | [㉑インタフェース] ▶ | [⑳アクチュエータ] |

●人間

| 見る・聞く | 頭脳に情報を伝達 | 判断・命令 | 頭脳からの情報を伝達 | 動作 |
|---|---|---|---|---|
| 感覚器官 ▶ | 神経系 ▶ | 頭脳 ▶ | 神経系 ▶ | 手足 |

月　日

# 38 食の役割と食習慣

出題重要度 ☆☆☆

問題 次の各問いに答えなさい。

## ◎食事の役割

□ 1 食事の役割の中で，規則正しい食事は，何を作る目的があるか。

□ 2 食事の役割の中で，家族や友達といっしょに食事をするとどのような利点があるか。

□ 3 食事の役割の中で，社会的な役割としては何があるか。

## ◎健康によい食習慣

□ 4 心身ともに健康であるためには，適度な運動と十分な休養のほかにもう1つ，どのような食事をとることが必要か。

□ 5 食習慣や運動習慣，休養の取り方などが原因となる病気を総称(そうしょう)して何というか。

## ◎食事のしかた

□ 6 健康的な食生活を送るために大切なことは，決まった時間に食事をすることと，毎朝何をすることか。

□ 7 一人だけで食事をとることを何というか。

□ 8 いっしょに食事をしても，それぞれが食べたいものを食べることを何というか。

## 解答

1 生活のリズム

2 触(ふ)れ合いが深まる（人と人がつながる）

3 食文化を受け継(つ)ぐ（食文化を伝える）

解説 お節(せち)料理も食文化の1つである。食文化は食にまつわる先人の知恵(ちえ)と努力の結晶(けっしょう)である。

4 栄養のバランスがとれた食事

5 生活習慣病

解説 糖尿(とうにょう)病，がん，心臓病などがある。生活習慣を改善すれば予防できる。例えば，糖分はチーズケーキ1個に25.6g，塩分はカップラーメン1食に5.1g含(ふく)まれている。

6 朝食をとること

7 孤(こ)食(しょく)

8 個食

得点アップ UP

◎朝食の役割

①睡眠(すいみん)中に下がった体温を上げ，体を活動させる。

②午前中に必要なエネルギーをとる。

③脳で使われるエネルギー源のぶどう糖を補給する。

# 39 栄養素の働き

出題重要度 ☆☆☆

問題 次の各問いに答えなさい。

◎栄養素の種類

□ 1 食物に含まれている成分を何というか。

□ 2 1は，その働きから分けると，炭水化物，脂質，たんぱく質とあと2つは何か。

□ 3 水分は，老廃物の運搬・排出，体温調節のほかに，主にどのような役割があるか。

□ 4 食物繊維は，体内で消化されないが，何の調子を整えて健康を保つのに役立っているか。

◎栄養素の働き

□ 5 活動したり，体温を保つ働きのあるエネルギー源になる栄養素は，炭水化物，脂質ともう1つ何か。

□ 6 筋肉や骨格など体の組織をつくるのは，たんぱく質，脂質ともう1つ何か。

□ 7 体の調子を整えるのは，無機質と何か。

□ 8 糖質と，エネルギー源にはならない食物繊維がある栄養素は何か。

□ 9 主に，血液をつくるもとになり，不足すると貧血になる無機質の成分は何か。

□ 10 体内で消化，吸収されて，脂肪酸とグリセリン(グリセロール／脂肪)に分解される栄養素は何か。

## 解答

1 栄養素
解説 栄養素が体を作ったり，体の調子を整えたりする働きを栄養という。

2 無機質とビタミン
解説 これらを五大栄養素という。

3 栄養素の運搬
解説 人の体の約60％は水分でできている。

4 腸

5 たんぱく質
解説 消化されてアミノ酸になる。

6 無機質
解説 骨や歯をつくるカルシウム，リンがある。

7 ビタミン

8 炭水化物

9 鉄

10 脂質



得点アップ UP

◎ビタミンの種類

▶脂溶性ビタミン→ビタミンA…目の働きをよくし，皮ふを健康に。ビタミンD…骨や歯を丈夫にする。▶水溶性ビタミン→ビタミン$B_1$・$B_2$…炭水化物や脂質がエネルギーになるときに必要。ビタミンC…抵抗力を高める。

月　日

# 40 ６つの食品群

出題重要度 ☆☆☆

問題 次の各問いに答えなさい。

## ◎６つの食品群別の働き

□ 1　五大栄養素のうち同じ栄養素を多く含む食品を６つのグループに分けたものを何というか。

□ 2　主にエネルギーになる群は，何群と何群か。

□ 3　主に体の調子を整える３群にあてはまる食品群を何というか。

□ 4　２群の食品は，主にどのような栄養素を多く含むか。

## ◎中学生に必要な栄養

□ 5　健康を維持し，成長するために必要なエネルギーや栄養素の量を示したものを何というか。

□ 6　中学生の時期に，成人と比べて 5 が多い栄養素のうち，体をつくるのに必要なのは，たんぱく質と何か。

□ 7　5 のなかで，活動のもとになるのは何か。

□ 8　栄養素のなかで，摂取した食品をエネルギーに変えるときに必要なビタミンは何と何か。

□ 9　5 を満たすために，日々どのような食品をどのくらい食べればよいかを示したものを何というか。

□ 10　9 のめやすに示された数値を，実際に食べる食品のおよその量として示したものは何か。

## 解答

1　６つの(基礎)食品群

解説 必要な栄養素をバランスよくとるために，各群の食品を組み合わせてとるようにする。

2　５群と６群

解説 ５群は穀類・いも類，６群は油脂である。

3　緑黄色野菜

4　無機質(カルシウム)

5　食事摂取基準

解説 年齢や性別，日常生活の活動内容の違い(身体活動レベル)によって示されている。

6　無機質

7　エネルギー

8　$B_1$・$B_2$

9　食品群別摂取量のめやす

10　食品の概量

得点アップ UP

◎食品群別摂取量のめやす(12～14歳)

▶１群…男子330 g　女子300 g　▶２群…男子・女子400 g

▶３群…男子・女子100 g　▶４群…男子・女子400 g

▶５群…男子500 g　女子420 g　▶６群…男子25 g　女子20 g

# 41 食品の選び方

出題重要度 ☆☆☆

問題 次の各問いに答えなさい。

◎生鮮食品の選び方

□1 野菜や果物，肉，魚など生産地でとれたままの形と鮮度を保っている食品を何というか。

□2 1の生産量が多く，味もよい時期を何というか。

□3 ほうれんそうでビタミンCの含有量が多いのは夏どりのものか冬どりのものか。

□4 食品がいつ，どこで生産され，どのような加工で消費者のところに届いたのかを把握する仕組みを何というか。

□5 1の表示で義務づけられているのは，品名と何か。

□6 肉を選ぶ場合，しっかりとして弾力があり，何が出ていないのがよいか。

□7 1尾の魚を選ぶとき，目はどのような状態のものを選ぶとよいか。

□8 1尾の魚を選ぶとき，身はどのような状態のものを選ぶとよいか。

□9 花や葉の部分を食べる白菜やキャベツは，色がよくつやがあってどのような状態のものを選ぶか。

□10 根や茎の部分を食べるにんじんやじゃがいもは肉質の硬いものがよいか，軟らかいものがよいか。

□11 野菜の一般的な保存方法として，高湿度ともう1つ必要な環境は何か。

解答

1 生鮮食品

2 出盛り期（旬）

解説 この時期は，価格も安くなる。

3 冬どり

解説 冬どりのものは夏どりのものよりおよそ3倍ものビタミンCが含まれている。

4 トレーサビリティ制度

5 原産地

6 ドリップ（液汁）

解説 特有の香りがあり異臭がないのも選ぶ基準になる。

7 透明

8 はりとつやがあるもの

9 みずみずしいもの

10 硬いもの

11 低温

得点アップUP

◎日本周辺でとれる魚と漁港・各県でとれる野菜

▶さんま…根室，宮古　かつお…焼津，枕崎　あじ…松浦，唐津

▶だいこん…北海道，千葉　レタス…長野，茨城　なす…高知，熊本

月　日

# 42 加工食品

出題重要度 ☆☆☆

問題 次の各問いに答えなさい。

## ◉いろいろな加工食品

□ 1 保存性を高めるなどの目的で，野菜や果物，肉，魚などの原料に手を加えたものを何というか。

□ 2 甘納豆(あまなっとう)やジャムは，どのような加工がされた食品か。

□ 3 右のマークはどのような食品に付けられるか。

## ◉食品の表示

□ 4 加工食品の表示に義務づけられている原材料名は，どんなものから順に表示するか。

□ 5 特定の食品を食べたときに引き起こされるアレルギー反応を何というか。

□ 6 加工食品の製造工程で，保存や着色などを目的に添加(てんか)，混入するものを何というか。

□ 7 6 の使用できる種類や量は何によって決められているか。

□ 8 6 を表示するとき，必要度の高いものは，物質名とあわせて何が表示されるか。

□ 9 安全が保証されている期限を何というか。

□10 おいしさが保証されている期限を何というか。

## 解答

1 加工食品

2 砂糖漬け(さとうづけ)

3 冷凍食品(れいとうしょくひん)

4 重量の多いもの（多く使われているもの）

5 食物アレルギー

6 食品添加物

解説 品質表示の原材料欄(らん)に表示することになっている。

7 食品衛生法

解説 食品の安全を守り，人びとの健康を保護するための法律。

8 用途(ようと)（名）

9 消費期限

解説 製造日を含めておよそ5日以内。

10 賞味期限

解説 比較的長く保存が可能なものに表示される。

---

得点アップ UP

◎保存性を高める方法

▶乾燥(かんそう)させる…干ししいたけ，煮干し(にぼし) ▶冷凍する…冷凍食品 ▶密封(みっぷう)・加熱殺菌(さっきん)…缶詰(かんづめ)，瓶詰(びんづめ)，レトルト食品 ▶塩漬け，酢(す)漬け…梅干し，ピクルス ▶微生物(びせいぶつ)利用…ヨーグルト，みそ

# 43 地域の食文化

出題重要度 ☆☆☆

問題 次の各問いに答えなさい。

## ◎地域の食材

□ 1　地域で生産された食材をその地域で消費することを何というか。

□ 2　1の利点として，生産過程がわかる，より新鮮な食品を入手できるということのほかに，環境面ではどのような利点があげられるか。

## ◎地域の食文化

□ 3　人々の間で共通に受け継がれている食べ物や食べ方に関する文化を何というか。

□ 4　地域の食材を生かし，その地域特有の調理方法で作られ，地域の伝統として受け継がれている料理を何というか。

□ 5　4として，長野県で小麦を使った料理として知られているものは何か。

□ 6　北海道のサケがよくとれた地名が由来の料理を何というか。

□ 7　正月のお節料理など，人生の節目や毎年の行事のときに食べる特別な食事を何というか。

□ 8　端午の節句の行事食には，主にかしわもちと何があるか。

□ 9　和食の「いりどり」に使うだし汁の材料は，みりんとしょうゆと何か。

### 解答

1　地産地消

2　輸送用のエネルギー消費量が少なくてすむ

3　食文化

4　郷土料理

5　おやき

6　石狩鍋

7　行事食

解説 お節料理は，縁起の良いものや願をかけたものが使われている。例えば黒豆は，まめに働き，まめに暮らせることを願う。正月の行事食には雑煮もある。

8　ちまき

9　砂糖

解説 「いりどり」はがめ煮や筑前煮あどと呼ばれる代表的な和食。

得点アップUP

◎日本各地の郷土料理

▶せんべい汁…青森県　▶きりたんぽ…秋田　▶深川丼…東京　▶じぶ煮…石川　▶船場汁…大阪　▶まつりずし…岡山　▶ゴーヤちゃんぷるー…沖縄

# 特集 4 図表でチェック

出題重要度 ☆☆☆

問題 図を見て，[　]にあてはまる語句や数値を答えなさい。

## ❶ 栄養素の働きと種類

□ 1 栄養素は，その働きや性質から，[①炭水化物]，[②脂質(ししつ)] [③たんぱく質] [④無機質] [⑤ビタミン]などがある。

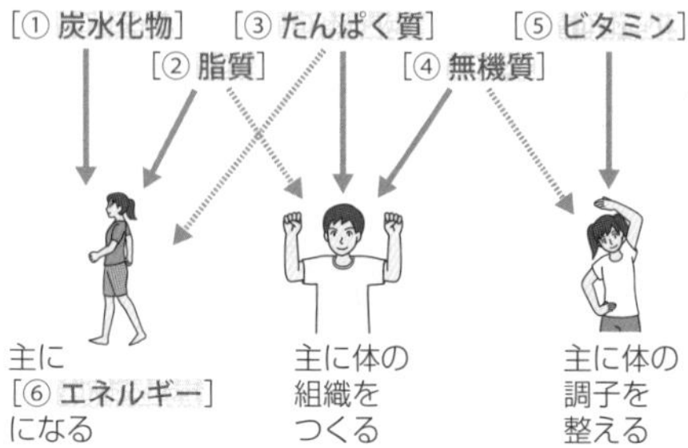


□ 2 1 の①，②，③は，主に[⑥エネルギー]になり，②，③，④は体の組織をつくる。

## ❷ 6つの(基礎)食品群

□ 3 1群の主な成分は，[⑦たんぱく質]で，植物性食品では[⑧豆・豆製品]に含(ふく)まれている。4群は，その他の野菜・果物の食品群で，[⑨ビタミンC]を多く含む。主な成分が炭水化物である食品は[⑩ 5群]に含まれる。

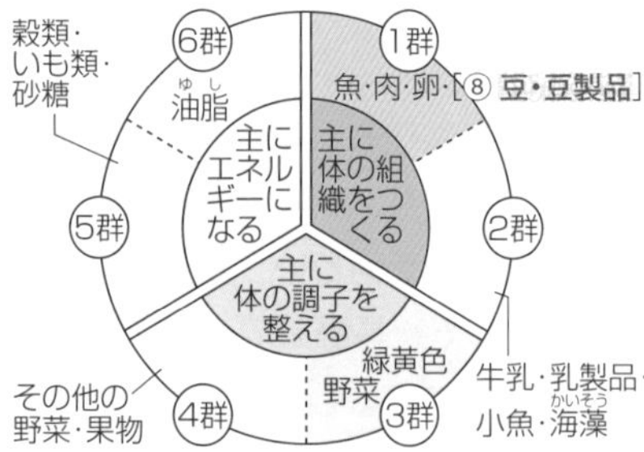


## ❸ 中学生に必要な栄養

□ 4 中学生の場合，骨や歯をつくる[⑪カルシウム]や特に女子に必要な[⑫鉄]を成人よりも多くとる必要がある。体をつくるたんぱく質や活動元の[⑬エネルギー]も十分とることが大切である。

| 栄養素 / 年齢別・性別 | 単位 | [⑬エネルギー] | たんぱく質 | 無機質 [⑪カルシウム] | 無機質 [⑫鉄] | ビタミン ビタミンA | ビタミン ビタミン$B_1$ | ビタミン ビタミン$B_2$ | ビタミン ビタミンC | ビタミン ビタミンD | ナトリウム(食塩相当量) |
|---|---|---|---|---|---|---|---|---|---|---|---|
| | | kcal | g | mg | mg | μg | mg | mg | mg | μg | g |
| 12〜14歳 | 男 | 2,600 | 60 | 1,000 | 11.5 | 800 | 1.4 | 1.6 | 95 | 5.5 | 8.0 |
| | 女 | 2,400 | 55 | 800 | 14.0 | 700 | 1.3 | 1.4 | | | 7.0 |
| 30〜49歳 | 男 | 2,650 | 60 | 650 | 7.5 | 900 | 1.4 | 1.6 | 100 | 5.5 | 8.0 |
| | 女 | 2,000 | 50 | | 10.5 | 700 | 1.1 | 1.2 | | | 7.0 |

(厚生労働省策定「日本人の食事摂取基準(2015年版)」)

## ④ 計量器具などの使い方

□ 5 水(酢(す)，酒)の場合，小さじでは[⑭ 5 ]mL，大さじでは[⑮15]mL，計量カップでは[⑯200]mLの量をはかることができる。

| 食品名 | 水・酢(す)・酒 | しょうゆ・みそ | 食塩 | 砂糖(上白糖) | 小麦粉(薄力(はくりき)粉) | 油 |
|---|---|---|---|---|---|---|
| 小さじ | ⑭[ 5 ] | 6 | 6 | 3 | 3 | 4 |
| 大さじ | ⑮[ 15 ] | 18 | 18 | 9 | 9 | 12 |
| カップ | ⑯[200] | 230 | 240 | 130 | 110 | 180 |

(単位g)　　(2007年 女子栄養大学の計測による)

□ 6 野菜の切り方で，玉ねぎを刻(きざ)む切り方は[⑰みじん切り]，とん汁のごぼうの切り方は[⑱ささがき]，細ねぎの切り方は[⑲小口切り]である。

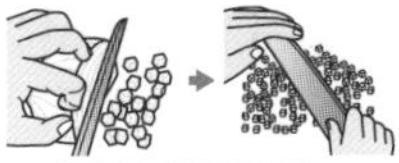

[⑰ みじん切り]

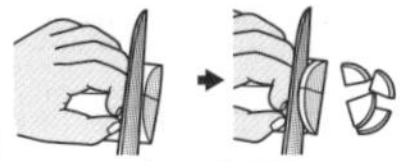

いちょう切り

[⑱ ささがき]

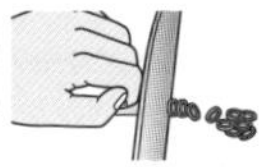

[⑲ 小口切り]

くし形切り

## ⑤ 煮込(にこ)みハンバーグの調理

□ 7 上記⑰にした玉ねぎを，バターで[⑳しんなり]するまでいためる。牛乳に浸(ひた)した[㉑パン粉]といためた玉ねぎ，[㉒ひき肉]，卵，調味料を混ぜ，ねばりがでるまでこねる。[㉓小判]型(厚さ約1.5cm)に整え，中央を[㉔くぼませる]。フライパンで両面を焼き，[㉕ソース]の材料を加え，約15分加熱する。

1.玉ねぎをいためる

2.よくこねる

3.形を整える

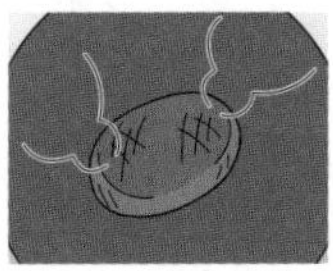

4.両面を中火で焼く

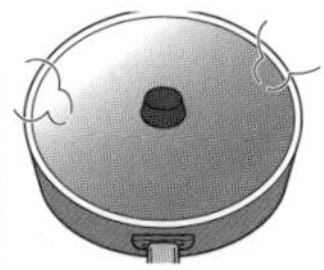

5.約15分加熱する

## ⑥ さばのみそ煮の調理

□ 8 しょうがやみそは，魚の[㉖生臭(なまぐさ)さ]をおさえるために入れる。落としぶたをすると，少ない[㉗煮汁(にじる)]でも，[㉘効率]よく味つけや加熱ができる。

1.なべに調味料，水，しょうがを入れて火にかける。

2.煮汁がふっとうしたら，火を弱めさばを皮を上にして入れる。

3.落としぶたをして約10分，弱火で煮る。

# 44 よりよい食生活のために

出題重要度 ☆☆☆

問題 次の各問いに答えなさい。

## ◎食品の安全性と自給率

□ 1 食品の安全性の確保について，国民の健康の保護が最重要という基本的認識に基づいて定められた法律は何か。

□ 2 世界最大の食料輸入国である日本の食料自給率は，カロリーベースで約何%か。

□ 3 食料自給率を上げるための対策の１つとして，自給率の高い米をどうする取り組みが行われているか。

## ◎食料資源と環境への配慮

□ 4 食料輸送に伴う環境への影響を示す指標を何というか。

□ 5 3は，どのような計算によって算出されるか。

□ 6 生産に使われる水の総量を示す指標を何というか。

□ 7 環境に配慮した調理方法を何というか。

□ 8 食品の生産や流通の中で出された温室効果ガスの量を示したマークを何というか。

## 解答

1 **食品安全基本法**
解説 食品の安全を確保するために，食品安全委員会がある。

2 **約40%**

3 **消費を拡大する**

4 **フードマイレージ**

5 **輸送量(t)×輸送距離(Km)**
解説 この数字が大きいほど，輸送にかかるエネルギーが大きいということである。

6 **バーチャル・ウォーター**
解説 食料を輸入することは，その食料を生産するために必要な水も輸入することになる。

7 **エコクッキング**
解説 廃棄する部分を少なくするように調理することも大切である。

8 **カーボンフットプリント**

得点アップ UP

◎各国のフードマイレージ

▶日本のフードマイレージは大きい→旬の食材を選び，地産地消に心がける→日本の食料自給率を高める→日本のフードマイレージが下がる

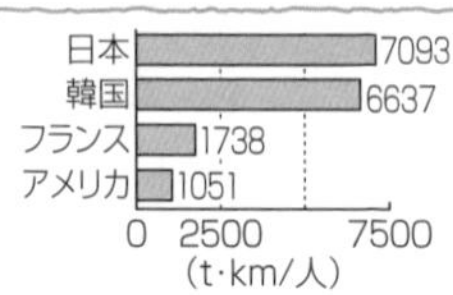


(中田哲也「農林水産政策研究」第5号2003年より)

# 45 日常着の活用

出題重要度 ★★★

問題 次の各問いに答えなさい。

### ◎衣服の働き

□ 1 衣服のもつ，運動や作業などの活動をしやすくする働きを何というか。

□ 2 衣服のもつ，体を清潔に保ったり，暑さ・寒さを防いだりする働きを何というか。

□ 3 衣服のもつ，個性や気持ちを表現したり，所属集団などを表したりする働きを何というか。

□ 4 制服や試合着は，着ている人の所属集団や何を表すか。

□ 5 喜びや悲しみ，敬(うやま)う気持ちを表すときに着る，あらたまった衣服は何か。

### ◎目的に合わせた個性的な衣服

□ 6 服装(ふくそう)は，周りの人に与(あた)える印象について考え，何に応じた服装を選ぶことが大切か。

□ 7 主な衣服の種類で，ズボンやスカートなどを総称して何というか。

□ 8 帽子(ぼうし)と衣服などのように２つ以上のものをバランスよく組み合わせることを何というか。

□ 9 目の錯覚(さっかく)によって，実際とはちがう見え方をする現象を何というか。

□ 10 色が与える印象で，膨張(ぼうちょう)して見えるのは暖色系，寒色系のどちらか。

## 解答

1 生活活動上の働き

2 保健衛生上の働き

3 社会生活(社会活動)上の働き

4 職　業

5 礼　服

6 T.P.O.(ティー・ピー・オー)

解説 Tはtime(時)，Pはplace(場所)，Oはoccasion(場合)。

7 下衣(かい)(ボトムス)

8 コーディネート

9 錯視(さっし)

解説 衣服のデザインで錯視の効果を利用することもある。

10 暖色系

解説 寒色系は後退して見える。

**得点アップUP**

◎既製服(きせいふく)を選ぶ際の注意点

▶着る目的を考える。▶試着をする。▶手持ちの服と組み合わせられるか，価格・サイズは適切か，洗濯(せんたく)や手入れはしやすいかなどに注意する。

# 46 日常着の手入れ

出題重要度 ★☆☆

問題 次の各問いに答えなさい。

### ◎手入れの必要性

□ 1 汚(よご)れは，衣服のもつ働きのうち，主にどの働きを低下させるか。

□ 2 衣服を清潔(せいけつ)に保つことは，衣服の働きを保つほかに，主にどのような利点をもたらすか。

### ◎手入れの方法

□ 3 ブラシをかける場合，布目に沿ってどの方向にかけるとよいか。

□ 4 しみ抜(ぬ)きは，汚れがついたあと，どのタイミングで行うのが一番よいか。

□ 5 しみ抜きで汚れをとるときのポイントとして，どのようなことがあげられるか。

### ◎素材に適した手入れ

□ 6 毛糸のセーターを水洗いすると，どうなる可能性があるか。

□ 7 水洗いが適さない衣服は，どのように洗濯(せんたく)するか。

□ 8 右の取り扱(あつか)い表示は，どのような洗い方が適しているか。

□ 9 右の取り扱い表示では，どのような干(ほ)し方が適しているか。

### 解答

1 保健衛生上の働き

解説 汚れを放置すると，カビが生えたり布の性能が低下したりする。

2 衣服を長持ちさせる

3 上から下へ(襟(えり)からすそへ)

解説 毛羽立たないようにかけることもポイント。

4 なるべく早く

5 たたいて当て布にしみを移す

解説 熱を加えないように注意する。

6 縮む

解説 干すときも，のびるので型くずれしないように注意する。

7 ドライクリーニング

8 40℃以下の液温で弱い手洗いをする

9 日かげのつり干し

得点アップUP

⊙衣服を収納・保管するときのポイント

▶ポケットの中の物は出す。▶ハンガーにかけて湿気(しっけ)をとる。▶Tシャツなどはしわを作らないようにたたみ，セーターなどは丸めて収納・保管する。

問題 次の各問いに答えなさい。

◎繊維(せんい)の種類と手入れ

□10 石油などを原料にして人工的につくられた衣服素材の繊維を何というか。

10 化学繊維

□11 蚕(かいこ)がつくるまゆの繊維を利用した天然繊維は何か。

11 絹(きぬ)
解説 光沢(こうたく)がある。

□12 植物繊維と合成繊維では，どちらが水をよく吸収するか。

12 植物繊維

□13 動物繊維の毛と比較(ひかく)した場合，化学繊維の長所は何か。

13 ぬれても縮まない

◎洗濯の方法

□14 布に用いられている繊維情報は，衣服のどこを確認すればよいか。

14 組成表示
解説 布地に用いられている繊維の種類と混用率(重量)を示す。

□15 洗濯機で洗う場合，摩擦(まさつ)に弱いものや型くずれしやすいものは，何に入れて洗うとよいか。

15 洗濯ネット
解説 色が出そうな物は別洗いする。

□16 洗剤(せんざい)の主な種類は，石けんと何か。

16 合成洗剤
解説 冷水によく溶(と)けるという特徴(とくちょう)がある。

□17 16には，弱アルカリ性と中性があるが，動物繊維に適した洗剤はどちらか。

17 中性
解説 石けんは，弱アルカリ性である。

□18 石けんは，水に溶けにくい場合，どのようにして使用するとよいか。

18 前もって温湯で溶かしておく

□19 洗濯機洗いで，洗い・すすぎの次の手順は何か。

19 脱(だっ)水(すい)

□20 日光に当てると色があせることがあるのは，植物繊維と動物繊維のどちらか。

20 動物繊維

□21 ドライクリーニングでは有機溶剤(ようざい)を用いて何の汚れを落とすか。

21 油汚れ

得点アップUP

◎化学繊維の特徴

▶ポリエステル…ぬれても縮まない。毛玉ができやすい。アイロンの温度は中。

▶ナイロン…丈夫で軽い。弾力(だんりょく)性がある。 ▶アクリル…熱水で硬(かた)くなる。

# 47 衣服の補修と管理

月　日

出題重要度 ☆☆☆

問題 次の各問いに答えなさい。

### ◎補修とアイロンかけ

□ 1　すそ上げを手縫いで直す場合，何縫いをするとよいか。

□ 2　ミシン縫いのときは，ほころびたところの左右何cmくらいを重ねて縫うとよいか。

□ 3　スナップの凸型は，上・下どちら側に付けるか。

□ 4　凸型のスナップに対し，それを受ける側のスナップを何というか。

□ 5　縫い終わりの糸の始末の仕方を何というか。

□ 6　右のかぎホックの図で，上側に付けるのは，ア，イどちらか。

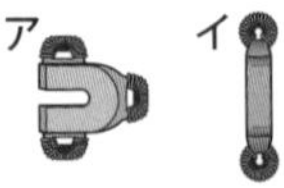


□ 7　ボタンを付ける場合，布に対して，どのように付けるとよいか。

□ 8　アイロンの適温は何の表示を確かめるとよいか。

□ 9　２種類以上の繊維が使われている場合は，どのように調節するか。

### ◎たたみ方としまい方

□10　ワイシャツをたたむとき，第１・３・５のボタンをかけた後，どのようにするとよいか。

□11　薄手のセーターをしまうとき，どのようにすると見やすく，取り出しやすいか。

## 解答

1　まつり縫い
解説 厚地の場合は，千鳥がけをする。

2　(1～)2cm
解説 ほかのところと同じくらいの針目で縫う。

3　上　側

4　凹　型

5　玉どめ

6　ア

7　布の厚さ分(2～3mm)だけ浮くように付ける

8　取り扱い表示

9　温度が低い(熱に弱い)方に合わせる

10　裏返してたたむ
解説 裏返して，そでを中に重ねて，たたむ。しまうときは，襟がつぶれないように注意する。

11　巻いて並べる

得点アップUP

◎布に適したアイロン温度を示した取り扱い表示

 アクリル

 毛・絹・ポリエステル

 麻・綿

 アイロンがけはできない

月　日

# 48 よりよい衣生活のために

出題重要度 ☆☆☆

問題 次の各問いに答えなさい。

### ◎環境に配慮した洗濯

□ 1　河川や海域の汚濁を防ぐために，洗濯の際はどのようなことに気をつけるべきか。

□ 2　環境に配慮した手入れ方法として，ブラシかけのほかにはどのようなものがあるか。

□ 3　有機溶剤を使うドライクリーニングに対して，水を使うクリーニングを何というか。

### ◎衣服と資源

□ 4　自分の衣服を最大限に活用し，管理するためには，何を立てることが必要か。

□ 5　３Ｒと呼ばれる資源の有効利用のうち，必要な枚数を考えて衣服を購入することは何に当たるか。

□ 6　３Ｒと呼ばれる資源の有効利用のうち，着なくなった衣服をほかの人に譲ることは何に当たるか。

□ 7　３Ｒと呼ばれる資源の有効利用のうち，着なくなった衣服などを原料に製品を再生することは何に当たるか。

□ 8　着なくなった衣服を，着られるように作り替えたり，使える部分を利用することを何というか。

**解答**

1　必要以上の洗剤や水を使わない

解説 洗剤は成分が改良され，量が少なくて済むようになっている。

2　しみ抜き

3　ウェットクリーニング

4　衣服計画

5　リデュース（発生抑制）

解説 長く着られる服を選ぶことも，リデュースにつながる。

6　リユース（再利用）

7　リサイクル

8　リフォーム（リメイク）

得点アップ UP

◎衣服の有効利用

▶生産（綿から糸，布，衣服へ）→　流通・販売　→消費（リデュース）→リユース　→廃棄　→リサイクル（燃料にするなど）→灰　→土（新しい植物を育てる）

月　日

# 49 住まいと生活

出題重要度 ☆☆☆

問題 次の各問いに答えなさい。

## ◎住まいの役割

□ 1 住まいの役割を大きく3つに分けると，安らぎと健康をもたらす場，子どもが育ち，家族が支え合う場と，もう1つは何か。

## ◎住まいの空間と住まい方

□ 2 障子(しょうじ)やふすまがある，日本特有の住まいのスタイルを何というか。

□ 3 ヨーロッパやアメリカの住まいのスタイルを何というか。

□ 4 2の特徴(とくちょう)は，3にはない，どのような部屋(へや)があることか。

□ 5 住まいの空間を使い方によって大きく2つに分類すると，家族が共通に使う共同生活の空間と，睡眠(すいみん)や勉強のための何の空間があるか。

□ 6 共同生活の空間の中で，炊事(すいじ)や洗濯(せんたく)などをするための空間を何というか。

□ 7 共同生活の空間の中で，入浴や洗面，トイレなどのための空間を何というか。

□ 8 衛生面やプライバシー確保の面から，食事の場所と寝(ね)る場所を分けることを何というか。

## 解答

1 （家族の）生命と生活を守る場

2 和 式

3 洋 式

4 畳(たたみ)の部屋（座敷(ざしき)）

解説 このような部屋を和室といい，床(とこ)の間などがついている場合もある。

5 個人（生活）の空間

6 家事（作業）の空間

7 生理・衛生の空間

解説 そのほかの空間として，廊下(ろうか)や玄関(げんかん)などの通行空間や，納戸(なんど)などの収納空間がある。

8 食寝分離(しょくしんぶんり)

解説 子どもの年齢(ねんれい)や性別により，親と子ども，兄弟が別々の部屋で寝ることを就寝分離(しゅうしんぶんり)という。

---

得点アップUP

◎和式と洋式のちがい

▶和式…畳の部屋があり，窓や戸が引き戸で，履物(はきもの)を脱(ぬ)いで家の中に入る。

▶洋式…窓や戸は開き戸で気密性が高く，靴(くつ)のまま家の中に入り，ベッドやいすを使って暮らす。

# 50 安全に住まう

出題重要度 ☆☆☆



問題 次の各問いに答えなさい。

### ◎家庭内事故と対策

□ 1 住まいの中で起こる事故を何というか。

□ 2 不慮（ふりょ）の事故死の中で，1 の起こる割合が高いのは，どのような年齢（ねんれい）層か。

□ 3 幼児の家庭内事故死の原因で最も多いのは何か。

□ 4 階段からの転落や，浴室，廊下（ろうか）などでの転倒（てんとう）を防ぐものとして，どんな対策があるか。

□ 5 暖かい場所から寒い場所へ移動したとき、急激な温度変化が影響（えいきょう）し，血圧が変動して心筋（しんきん）梗塞（こうそく）や脳梗塞などを引き起こすことを何というか。

□ 6 4 のように，生活する上での危険や障害をなくすことを何というか。

□ 7 だれもが使いやすいことを目指したデザインを何というか。

### ◎災害への備えと対策

□ 8 住まいの中での地震（じしん）対策として，冷蔵庫や家具などはどのようにしておけばよいか。

□ 9 避難（ひなん）経路の確保のためには，どのようにしておけばよいか。

□10 地震による停電後，電気が復旧したときに発生する火災を何というか。

### 解答

1 家庭内事故

2 高齢者・幼児

3 窒息（ちっそく）

4 手すりを付ける

5 ヒートショック

6 バリアフリー

解説 段差をなくす，トイレを広くする，など。

7 ユニバーサルデザイン

8 （倒（たお）れないように）固定する

解説 ポール式転倒防止具やL字型金具などを使う。

9 出入り口の近くに多くの物を置かない

10 通電火災

---

得点アップUP

**◎防犯対策**

▶窓や玄関（げんかん）の鍵（かぎ）をかけ，面格子（めんごうし）を付ける。▶留守（るす）であることがわからないように工夫する。▶地域の人々と日常的に付き合う。

月　日

# 51 快適に住まう

出題重要度 ☆☆☆

問題 次の各問いに答えなさい。

## ◎健康な住まい方

□ 1 新築の住宅などで，建材などが放散する化学物質によって起きる体調不良のことを何というか。

□ 2 空気中の水蒸気が，窓ガラスなどの冷たい表面に当たり水滴(すいてき)になることを何というか。

□ 3 1 や 2 が起こる原因の１つとして，アルミサッシの普及(ふきゅう)などにより，住宅の何が向上したためと考えられるか。

□ 4 1 や 2 を防ぐためにはどうすればよいか。

□ 5 カーペットやふとんなどにもぐりこみ，アレルギーやぜん息の原因となる生物は何か。

□ 6 ガスコンロ，石油ストーブなどの不完全燃焼によって発生し，少量でも命に関わる健康被害をもたらすものは何か。

## ◎持続可能な住生活

□ 7 夏，窓の外に植物を育ててカーテンのように日差しを遮(さえぎ)ることを何というか。

8 環境(かんきょう)に配慮(はいりょ)した住まいの工夫の一つで，太陽の熱でお湯をつくる機器を何というか。

## 解答

1 **シックハウス症候(しょうこう)群**

解説 目の痛みや頭痛，湿(しっ)しんなどの症状が出る。

2 **結露(けつろ)**

解説 湿度(しつど)が高くなると発生する。

3 **気密性**

4 **室内の空気をきれいに保つ**

解説 窓を開けたり，換気(かんき)扇(せん)を回す。

5 **ダニ**

6 **一酸化炭素**

7 **緑のカーテン**

解説 室温の上昇(じょうしょう)を抑(おさ)えて，省エネルギーにつながる。

8 **太陽熱温水器**

解説 水を温めるのが太陽熱で，電気やガスの使用料を抑えることができる。

得点アップ UP

⊙一酸化炭素の濃度による人体への影響(えいきょう)

▶0.02%…2～3時間で軽い頭痛が起こる。 ▶0.04%…1～2時間で頭痛，吐(は)き気が起こる。 ▶0.08%…めまい，吐き気，けいれん，2時間で失神する。 ▶0.16%…めまい，2時間で死亡する。 ▶教室では0.001%以下が望ましい。

# 52 衣服の製作と布の性質

出題重要度 ☆☆☆

問題 次の各問いに答えなさい。

## ◎製作の手順

□ 1 つくるものの各部の寸法を測ることを何というか。

□ 2 1で得た数値をもとにして作るものを何というか。

□ 3 布の必要な量は，何を考えて見積もるか。

□ 4 針や糸は，布地の材質と何に適したものを選ぶ必要があるか。

□ 5 ミシン針の場合，数字が大きくなるほど針の太さはどうなるか。

□ 6 布の色が濃い場合，糸はどのような色を選ぶか。

□ 7 裁断をする場合に使うはさみで，刃がギザギザになっているものを何というか。

□ 8 右の図の，しるしつけに使う道具は何か。

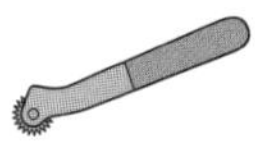

## ◎布の性質と選び方

□ 9 布目の方向でのび方が最も大きいのは，縦方向，横方向，斜め方向のうちどれか。

□10 布の，縦方向に対して端になる部分を何というか。

□11 布の色や柄がはっきりして，みみの文字が読める場合，これは布の表か裏か。

## 解答

1 採寸(計測)

2 型紙を選ぶ(つくる)

解説 イメージや大きさに合うものを選ぶ。

3 布幅

4 厚さ

5 太くなる

解説 手縫い針は数字が小さいほうが太くなる。

6 布よりやや濃いめの色

7 ピンキングばさみ

8 ルレット

9 斜め方向

解説 斜め45度を正バイアスという。また，たて方向に対して左右のはしになる部分を「みみ」という。

10 みみ

11 表

得点アップUP

◎布と針，糸の関係

| 布地 | ミシン針 | 手縫い針 | 糸(綿・ポリエステル) | ボタンつけの糸 |
|---|---|---|---|---|
| うす地 | 9番 | 4の2　4の3 | 80番 | 50番 |
| ふつう地 | 11番 | 3の2 | 60番・50番 | 30番 |
| 厚地 | 14番 | 3の3 | 50番 | 20番 |

# 特集 5 図表でチェック

出題重要度 ☆☆☆

問題 図を見て，［　］にあてはまる語句や数値を答えなさい。

## ❶ 日本の食料事情

□ 1 日本は世界最大の食料輸入国で，右の表を見ると［①自給率］は約38%である。その理由には，食生活の［②洋風化］にともなって，［③畜産物］や油脂（ゆし）の消費がふえ，［④米］の消費量が減ったことが考えられている。農林水産省では2025年までに①を［⑤45］%まで引き上げることを目標にしている。

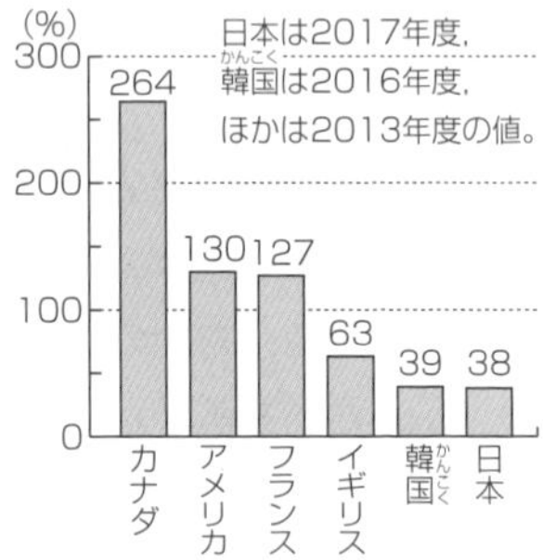


(農林水産省「世界の食料自給率」)

## ❷ 環境（かんきょう）に配慮（はいりょ）した食生活

□ 2 「相手国(別の)食料輸入量(輸送量)」×「輸送距離（きょり）」を［⑥フード・マイレージ］という。右のグラフでは，［⑦A］が日本である。省エネルギーのため，地元で産出された物を地元で消費する［⑧地産地消（ちさんちしょう）］が大切である。

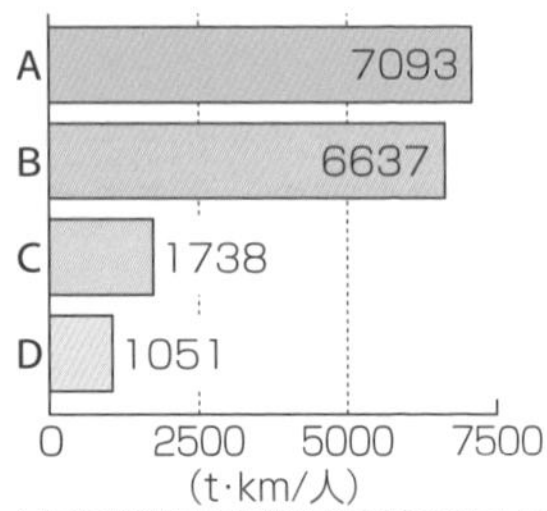


(中田哲也「農林水産政策研究」第5号2003年より)

## ❸ 衣服の働き

□ 3 衣服の働きには，生活活動上・保健衛生上の働き以外に［⑨社会生活上］の働きがある。⑨の「気持ちを表す」場合には，［⑩T.P.O.(時間，場所，場合)］に応じた着方を工夫する必要がある。

## ④ 採寸の仕方

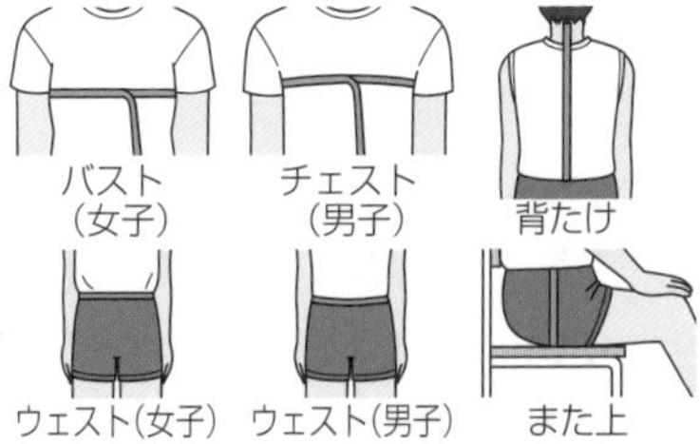


□ 4 自分の身体各部の寸法を測るには，[⑪薄着]をし，自然体で立ち，ほかの人に測ってもらう。測るときは，[⑫巻き尺]を体に沿わせて交差したところを[⑬ミリメートル]単位まで読む。

## ⑤ 衣服の手入れ

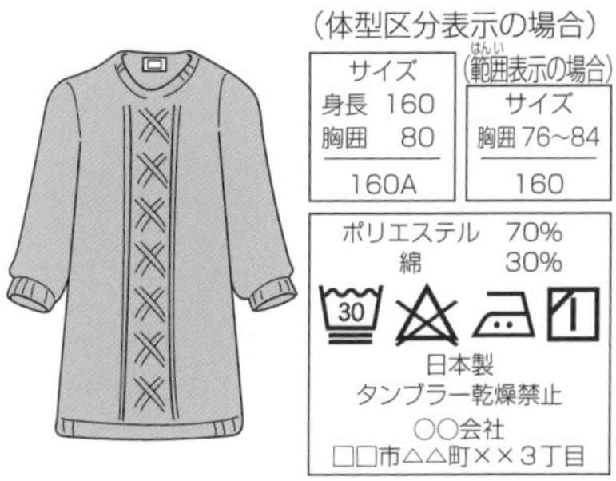


□ 5 右の既製服は，ポリエステルと綿の長所を取り入れた[⑭混用]の繊維で，乾きが早い，[⑮しわ]になりにくいという性質を持つ。洗濯機で洗えるが，[⑯弱]水流か，弱い[⑰手洗い]が適している。干すときは，[⑱日陰]のつり干しがよい。

## ⑥ 衣服の環境への配慮

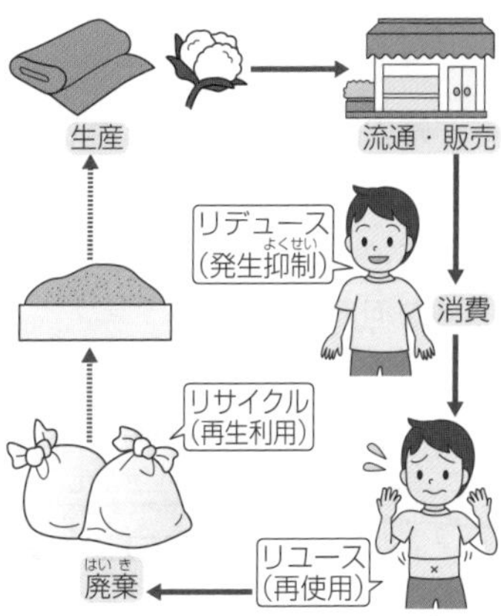


□ 6 環境に配慮した取り組みとして，衣服の素材や着心地を考えて，季節に合った[⑲着方]の工夫がある。洗濯機の水量や[⑳洗剤]量にも注意することが大切である。

□ 7 右の図の3Rの取り組みで，繊維から繊維へ再生利用するのは[㉑リサイクル]だが，ジーンズをバッグに作り替える形は[㉒リフォーム]にあたる。

# 53 製作の基礎

出題重要度 ☆☆☆

問題 次の各問いに答えなさい。

## ◉裁断としるし付け

□ 1　裁断をする前に，布目のゆがみを直したり縮みやすい布をあらかじめ縮ませることを何というか。

□ 2　右の図の矢印は何を表すか。

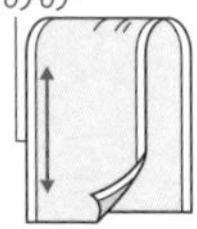


□ 3　２枚の布を縫い合わせるときに，布どうしを正しい位置で合わせるために付けるしるしを何というか。

□ 4　布用両面複写紙を使ってしるしを付ける場合，布はどのように折るか。

## ◉縫い合わせ

□ 5　まち針は，縫う方向に対してどのように打つか。

□ 6　しつけは，でき上がり線のどの位置を縫うか。

□ 7　ミシンで縫い始めや縫い終わり，じょうぶにしたいところに重ねて縫うことを何というか。

□ 8　下糸を巻くのは何という用具か。

□ 9　縫い始めの位置に針をさすために，はずみ車はどの方向に回すか。

□10　糸の調子が合っていない場合，何で調節するとよいか。

□11　縫いしろの断ち目をかがるための専用ミシンを何というか。

## 解答

1　地直し

解説 布に湿り気を与え，裏からアイロンをあてて布目を整える。

2　布目のたて方向

解説 型紙を布地のたて方向に合わせるしるし。

3　合いじるし

4　布の表が外側にくるように(外表)折る

解説 ルレットで写す。へらの場合は中表に折る。

5　直　角

6　1mmくらい外側

7　返し縫い

8　ボビン

解説 水平がまの場合はボビンケースがない。

9　手　前

10　上糸調節装置

11　ロックミシン

得点アップUP

◎糸調子の調節の仕方

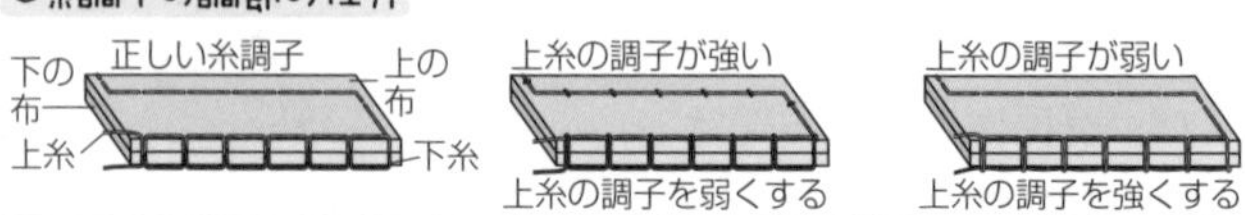

# 54 消費者としての私たち

出題重要度 ☆☆☆

問題 次の各問いに答えなさい。

## ◎商品の購入(こうにゅう)と選択(せんたく)

□ 1 商品を購入し，使う人のことを何というか。

□ 2 商品を購入する場合に考えるべきなのは，必要なもの（ニーズ＝needs）と何か。

□ 3 商品のうち食料品や衣料品などのことを何というか。

□ 4 右の図のマークは商品の何を保証するマークか。

□ 5 右の図のマークの名称(めいしょう)は何か。

## ◎契約(けいやく)

□ 6 商品の売買において，販売者(はんばいしゃ)と消費者の間に成立する法律上の約束事を何というか。

□ 7 6が成立すると，消費者にはどのような義務が生じるか。

□ 8 インターネットの通信販売で契約が成立するのはどのときか。

□ 9 クレジットカードによる支払いは，消費者，販売業社，クレジットカード発行会社の三者の契約になる。これを何というか。

### 解答

1 消費者

2 ほしいもの（ウォンツ＝wants）

3 物資

4 消費生活用製品の安全

5 SGマーク

6 契約

解説 契約は消費者と販売者の意思が合致(がっち)したときに成立する。

7 代金を支払(しはら)う

解説 商品を受け取る権利が生じる。

8 メールがサーバに到着したとき

解説 メールを開いていなくても契約が成立する。

9 三者間契約

---

得点アップUP

◎暮らしの中のマーク

JASマーク　GOOD DESIGN Gマーク　シルバーマーク

技術
家庭
保健
体育
音楽
美術

月　日

# 55 販売方法，支払い方法

出題重要度 ☆☆☆

問題 次の各問いに答えなさい。

## ◉販売方法の特徴

□ 1 商品のうち，教育や医療といった具体的な形がないものを何というか。

□ 2 スーパーやデパートなどで商品を売る形式の販売方法を何というか

□ 3 無店舗販売で，インターネットやテレビなどを通して売る方法を何というか。

□ 4 2の長所として，ほかの商品と比較できるという以外にどんなことが考えられるか。

## ◉いろいろな支払い方法

□ 5 買った商品と引き換えに，その場で代金を支払う方法を何というか。

□ 6 図書カードや回数券などを前もって買っておき，現金の代わりに使う支払う方法を何というか。

□ 7 消費者をだまして物を売りつけたり，お金を請求したりするやり方を何というか。

□ 8 7のうち，町で消費者に声をかけ，喫茶店などに連れていって商品などを購入させる商法を何というか。

□ 9 社団法人日本通信販売協会の正式な協会会員であることを示すマークを何というか。

**解答**

1 サービス

解説 最近は，サービスの種類や利用が増加している。

2 店舗販売

3 通信販売

4 実物を見て購入できる

解説 無店舗販売は，店舗に行かなくてもよい反面，実物を見ることができないという欠点がある。

5 即時払い

6 前払い（プリペイド）

解説 クレジットカードや分割払いなどの支払いを後払いという。

7 悪質商法

8 キャッチセールス

9 ジャドママーク

得点アップUP

◎後払いの問題点

▶手数料がかかる場合がある。 ▶支払い期日を過ぎると利息がかかることがある。 ▶使い過ぎることがある。 ▶積み重なると支払いきれない額になる。

# 56 消費者の権利と責任

出題重要度 ☆☆☆

問題 次の各問いに答えなさい。

## ◎消費者の権利と責任

□ 1 消費者には権利と同時に責任があるとして，国際消費者機構があげているのは何か。

□ 2 消費者の責任のうち，商品に対して疑問をもって考えることを何というか。

□ 3 途上国の生産者を守るために，公正な賃金や労働条件を保証した価格で購入（こうにゅう）することを何というか。

## ◎消費者を守るしくみ

□ 4 消費者の権利の尊重と自立の支援（しえん）が基本理念の法律は何か。

□ 5 製品による被害（ひがい）を受けた場合，製造業者などに損害賠償（そんがいばいしょう）を求めることができる法律は何か。

□ 6 消費者と事業者の間に結ばれるすべての契約（けいやく）に適用される法律を何というか。

□ 7 訪問販売（はんばい）など販売者の意思で始まった取り引きの場合，一定の条件を満たせば契約を解除できる制度を何というか。

□ 8 消費者からの相談を受けつけて，問題解決を支援する公的機関として，消費者庁や国民生活センターのほかに，自治体の機関では何があるか。

## 解答

1 8つの権利と5つの責任

2 批判（ひはん）的（な）意識を持つ責任

3 フェアトレード

4 消費者基本法

5 製造物責任法（PL法）

6 消費者契約法

解説 消費者を守る法律としてはほかに，特定商取引法などがある。

7 クーリング・オフ（制度）

解説 店舗（てんぽ）購入の商品は対象外。通信販売には，この制度は適用されない。しかし，自主的に規定している業者もある。

8 消費生活センター

---

得点アップUP

◎クーリング・オフ(制度)

▶解約できる期間…訪問販売・キャッチセールスなど→8日間，マルチ商法など→20日間　▶解約できない場合…現金取り引きで3000円未満の商品，使用した消耗品（しょうもうひん）　▶解約の仕方…書面で行う。必ず通知の証拠（しょうこ）を残しておく。

技術 家庭 保健 体育 音楽 美術

月　日

# 57 環境に配慮した生活

出題重要度 ★★☆

問題　次の各問いに答えなさい。

## ◉環境に与える影響

□ 1　二酸化炭素やフロンなど，地球温暖化の主な原因となる気体を総称して何というか。

□ 2　環境への負荷が少ない製品につけられるマークを何というか。

□ 3　容器などのごみ対策のため，消費者には分別排出，自治体には分別収集，事業者にはリサイクルの責任を義務づけた法律は何か。

## ◉持続可能な社会へ

□ 4　地球の資源を維持し，環境を破壊しないように配慮する社会を何というか。

□ 5　4を目指すために，資源の消費を抑え，不用品を資源として循環利用し，環境への負荷をできるだけ低減しようとする社会を何というか。

□ 6　5を推進していく取り組みとして3Rがあるが，消費者の取り組みとしてさらに2Rを加えた5Rも広がっている。この2Rは何と何か。

□ 7　過剰包装を断ることは，5Rのどれにあたるか。

□ 8　2015年に国連が採択した「持続可能な開発目標」の略称を何というか。

□ 9　人や社会，環境などに配慮した倫理的な消費を何というか。

## 解答

1　**温室効果ガス**

解説　日本の家庭で年間に消費されるエネルギーは，石油約1,000L分。エネルギーの節約が$CO_2$削減につながる。

2　**エコマーク**

3　**容器包装リサイクル法**

解説　家庭ごみ全体に占める容器包装廃棄物の割合は，50%を超える。

4　**持続可能な社会**

5　**循環型社会**

6　**リフューズ，リペア**

解説　リフューズは拒否，リペアは修理という意味である。3Rは，リデュース，リユース，リサイクル。

7　**リフューズ**

8　**SDGs**

9　**エシカル消費**

---

得点アップUP

◎3R・4R・5Rの例

▶3R…リデュース(減らす)，リユース(再利用)，リサイクル(再生利用)

▶4R…3R＋リフューズ(断る)　▶5R…4R＋リペア(修理して長く使う)

# 58 家庭と地域の役割

出題重要度 ☆☆☆

問題 次の各問いに答えなさい。

◎家庭の働き

□ 1　家庭は，そこで暮らす家族のどんな場といえるか。

□ 2　家庭の働きの１つとして，家事を通して何を伝えていくことがあげられるか。

□ 3　家庭の働きを支えるために必要なことの１つとして，何の安定があげられるか。

◎家庭生活を支える

□ 4　人間は乳児期，幼児期を経て児童期，青年期，壮年期（そうねん）となり，最後の期は何というか。

□ 5　子どもが少なく，高齢者が多い社会を何というか。

□ 6　地域には，子どもや高齢者，障がいのある人，異なる文化や言葉をもつ人などがいる。そのような人とともに生活をしていくことを何というか。

□ 7　地域の教育や文化，娯楽（ごらく）などの活動の中心となる各種公共施設を，総称（そうしょう）して何というか。

□ 8　地域の活動を支える団体の１つである，民間の非営利活動組織を，アルファベット３文字で何というか。

解答

1　生活の場

2　生活文化

3　経済生活

4　高齢期（こうれいき）

5　少子高齢社会

解説 2060年頃（ごろ）まで65歳以上の人口はほぼ変わらないが，20歳～64歳の人口は，大幅に減少するとされている。

6　共　生

7　コミュニティセンター

解説 公民館や図書館，集会所などがその例。

8　NPO

得点アップ UP

⊙家庭の基本的な機能

▶子どもを産み育てる。▶暮らしのために収入を得る。▶心のやすらぎを得る。▶地域と交流する。▶生活文化を伝える。▶活動力を蓄（たくわ）える。▶病人の世話。

# 59 幼児期の心身の発達

出題重要度 ☆☆☆

問題 次の各問いに答えなさい。

## ◎幼児の体の発達

□ 1 幼児の身長は，1歳で生まれたときの約1.5倍だが，体重は1歳で生まれたときの約何倍か。

□ 2 幼児は体に比べて頭が大きいので，どのようなことが起きやすいか。

□ 3 幼児の体の発達は，一定の方向と順序があるが，発達の速度には何があるか。

□ 4 おすわりと伝い歩きでは，どちらが先にできるようになるか。

□ 5 幼児の体温は大人と比べてどうか。

□ 6 大人と比べて，幼児が多くの時間を必要とするのは何の時間か。

## ◎幼児の心の発達

□ 7 幼児期に芽生える，自分の力で生活しようとする気持ちを何というか。

□ 8 2歳から4歳ごろにかけて，何でも自分でやりたがる時期を何というか。

□ 9 人に対して，さまざまな反応や働きかけができることを何の発達というか。

□ 10 「ブーブー」や「マンマ」など，状況によって意味が変わる幼児の言葉を何というか。

## 解答

1 3倍

2 転びやすい

3 個人差

解説 頭部から尾部へ，中枢部から末端にという順序で発達していく。

4 おすわり

5 高い

解説 汗もかきやすいので十分な水分補給が必要。

6 睡眠

7 自立心

解説 喜びや悲しみなどを情緒，感情や行動のコントロールを自律という。

8 第1次反抗期

解説 自我が芽生え，自己主張できるようになったことを意味する。

9 社会性

10 1語文

---

得点アップ UP

◎心の発達の過程

▶1歳…大人に見守られて安心して遊ぶ。▶2歳…自我が強くなる。2語文が出てくる。▶3歳…大人と同じような情緒が現れる。会話ができる。▶4歳…友達を思いやることができる。▶5歳…友達と役割を持って遊べる。

# 60 子どもの成長と家族の役割

出題重要度 ★☆☆

問題 次の各問いに答えなさい。

◎生活習慣の習得と，家族・地域の役割

□ 1 食事，睡眠，排せつなど，健康に生きていくために毎日行う行動を何というか。

□ 2 睡眠の場合，1 が身に付くということはどのようなことか。

□ 3 1 は，心身の発達の基盤をつくり，何の第一歩になるか。

□ 4 大人が子どもの食事を援助する際は，どんな雰囲気作りを心がけるとよいか。

□ 5 社会の一員として身に付けていくものを何というか。

□ 6 5 の対人関係についての習慣では，「順番を守る」のほかにどんな習慣があげられるか。

□ 7 子どもが，1 や 5 を身に付けるには，家族や周りの人に教わるほかにどのような方法があるか。

□ 8 家族や周りの人が 1 や 5 を教えるときは，幼児の何に合わせた配慮をすることが大切といえるか。

□ 9 子育て中の親が病気になったり用事ができたりしたときに，一時的に子どもを預かる制度を何というか。

□ 10 子どもを預かる施設や機関のうち，3歳から就学前までの子どもが対象のものを何というか。

## 解答

1 基本的生活習慣
解説 自分でするということが基本である。

2 一人で決まった時間に寝起きできる

3 生活の自立（自立した生活）

4 食べることが楽しくなる雰囲気

5 社会的生活習慣

6 あいさつをする
解説 ほかに，安全の習慣や，社会生活のきまりを守る習慣などがある。

7 人のまねをする

8 心身の発達
解説 幼児が喜びと自信を持って習得できるようにすることも大切。

9 一時保育

10 幼稚園

得点アップUP

◎子どもや家族を支える施設や機関

▶幼稚園 ▶保育所 ▶子育て支援センター…さまざまな相談活動を行う。
▶放課後児童クラブ…小学生で，家に誰もいない場合。 ▶児童館…18歳まで。

月　日

# 61 幼児の遊びと成長

出題重要度 ★★☆

問題 次の各問いに答えなさい。

## ◎幼児の遊びの重要性

□1 幼児の運動機能や言語，情緒，社会性などは何を通して発達していくか。

□2 1～2歳の幼児の遊びの特徴は，おもに大人と遊ぶほか，人数の点ではどのようなことがいえるか。

□3 大勢でサッカーをする場合に育つ力は，判断力や思考力，自制心以外に何があるか。

□4 遊びのきっかけとなって，創造力が広がり，遊びを豊かにしてくれる物は何か。

## ◎幼児との触れ合い

□5 幼児と触れ合うときの事前準備として，幼児特有の何を理解するとよいか。

□6 幼児と話すとき，目の高さはどこに合わせるか。

□7 幼児に話しかける場合に大切なのは，どのような言葉か。

□8 幼児の行動で度が過ぎる場合，どのように対処するか。

□9 幼児と触れ合うとき，安全面に注意する必要があるが，どのような服装が適切か。

□10 幼児と遊んでいるとき，幼児がけがをしたら，まずすることは何か。

### 解答

1 遊び

2 一人で遊ぶ

解説 その後，友達のそばで遊び，友達と協力して遊び，そして集団でルールを決めて遊ぶようになる。

3 協調性

4 おもちゃ

解説 おもちゃは，人とのコミュニケーションを促す役割も持つ。

5 行動の意味

6 幼児の目の高さ

7 幼児に分かる言葉

解説 ゆっくりと一人ひとりに話しかける。

8 ていねいに話して聞かせる

9 動きやすい服装

10 先生や施設の先生に報告する

得点アップUP

◎幼児と楽しく触れ合うためのひけつ

▶幼児の遊びたい気持ちのいろいろな表現方法を理解する。▶簡単な遊びを知っておく。▶幼児のそばにいて同じことをしてみる。

月　日

# 62 これからの私たち

出題重要度 ★★☆

**問題** 次の各問いに答えなさい。

### ◎子どもと家族関係

□ 1　子どもにとって重要な環境である家庭で，子どもの成長に大きな影響を与えるのは何か。

□ 2　子どもの成長や発達の大事な基礎となるのは，家族など身近な人に対する何か。

□ 3　子どもが健やかに成長するために大切な信頼関係は，何によって形成されるか。

### ◎中学生と家族関係

□ 4　中学生のころの心身ともに子どもから大人へ移行する時期を何というか。

□ 5　4の時期の特徴として，親に依存したい気持ちがある反面，心理的に一人で行いたいと思ったり，どのような態度をとるようになるか。

□ 6　家族などの助けなしに自分自身で責任をもって行動することを何というか。

□ 7　6のためには，助けてもらうだけでなく，自らも周囲の人を助けて，お互いがどうすることが大切か。

□ 8　親子関係に摩擦が生じた場合，お互いを受け止めた上で，何が大切になってくるか。

**解答**

1　生活態度

2　信頼感

3　家族の愛情

**解説** 社会生活する力は乳幼児のころの体験と親とのかかわりで育つ。

4　思春期

**解説** 身体面では大人の体型に近づき，精神面では自立に向かう。

5　批判的な態度

6　自　立

7　協力し合う

8　話し合い

**解説** 互いの立場や気持ちを受け止め合いながら話し合い，家族関係をつくっていくことが大切である。家族内で解決が困難な場合は，家族以外の人々の援助を求めるとよい。

**得点アップUP**

◎子どもを守る条約や法律

▶児童福祉法…児童福祉の基本理念が示される。▶児童憲章…子どもの幸福のため社会の果たす責任と義務が定められる。▶子どもの権利条約…「生きる権利」「育つ権利」など4つの子どもの権利を守ることが述べられる。

# 特集 6 図表でチェック

出題重要度 ☆☆☆

問題 図を見て，[　]にあてはまる語句や数値を答えなさい。

## ① 縫い合わせの始末のしかた

□ 1 手縫いによる始末のしかたには，[①まつり縫い]（すそ上げ）やかがり縫い，厚地，伸びる布に適した[②千鳥がけ]などがある。

□ 2 ミシン縫いでは，縫いしろの端を三つ折りにして縫う[③三つ折り縫い]や縫いしろを片側に倒してミシンをかける[④伏せ縫い]などがある。

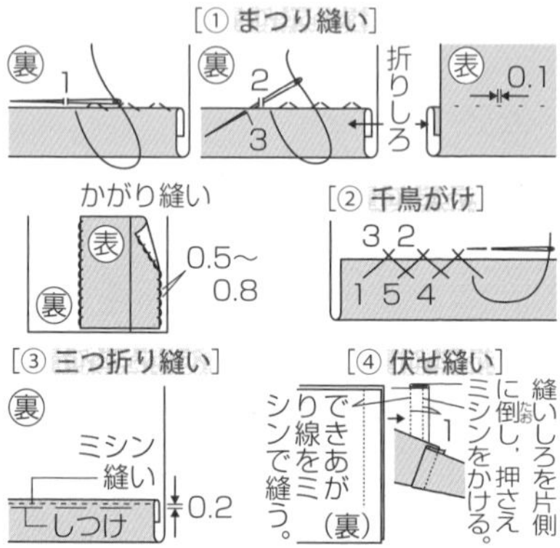


## ② ハーフパンツの縫い方

□ 3 [⑤ロックミシン]で，また上とまた下の縫いしろを始末する。左右のパンツを合わせ，後ろまた上と，すその一部をアイロンで[⑥伸ばし]てから縫う。さらに，同じところを[⑦2]度縫う。

□ 4 また下を縫うときは，また上の前・後ろの縫いしろを[⑧たがいちがい]の方向に折る。また下が[⑨まっすぐ]になるように広げて縫う。

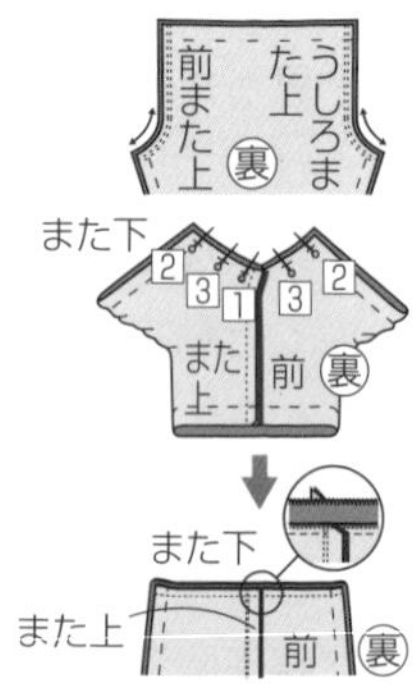


## ③ 契約

□ 5 契約で[⑩合意]した内容は販売者と消費者共に守らなければならない。契約が成立すると両者には[⑪権利]と[⑫義務]が生ずる。

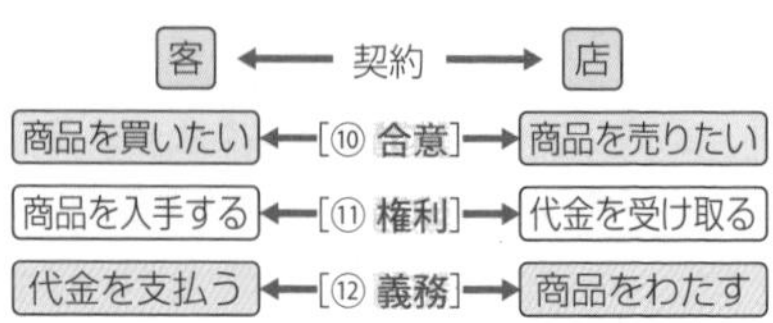

## ❹ 生活と環境

□ 6　日本の家庭から出るごみの量は，1人1日あたり[⑬**約1kg**]になる。多くは焼却処分されるが，その際に大量の[⑭**二酸化炭素**]が出る。物の大量消費と廃棄は[⑮**地球温暖化**]や環境汚染など環境問題を引き起こす原因になる。

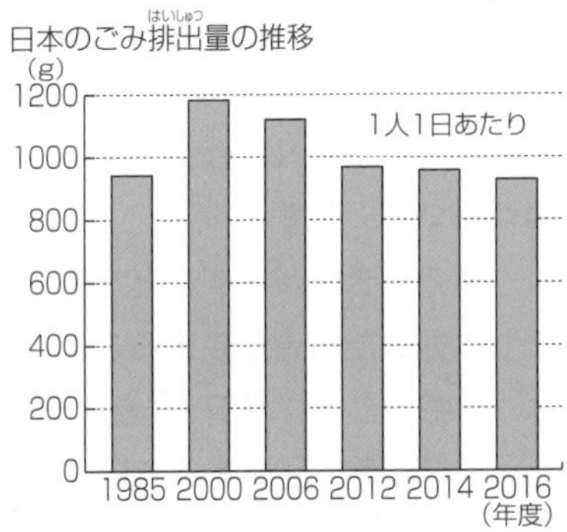


## ❺ 中学生と家族関係

□ 7　中学生になると，[⑯**自立**]の気持ちが強くなる。一方で，表のような[⑰**家庭の仕事**]を分担することで家族との[⑱**信頼関係**]も深まる。また，家族関係をよくしていくには，会話を通して家族と[⑲**触れ合う機会**]をもつことが大切である。

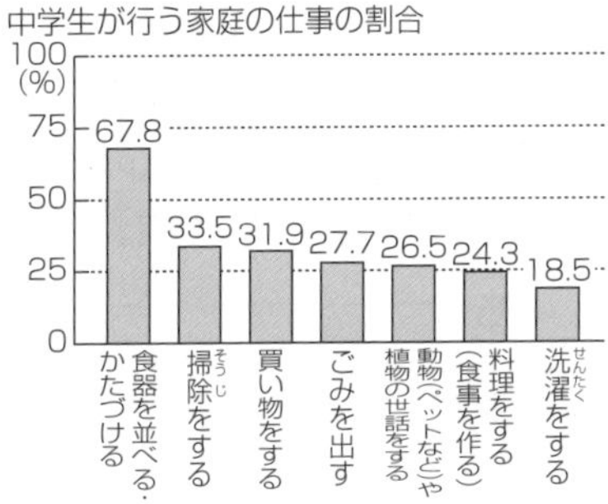


(東京大学社会科学研究所・ベネッセ教育総合研究所共同研究『子どもの生活と学びに関する親子調査2015』)

## ❻ 幼児と遊び

□ 8　1～2歳の幼児は[⑳**大人**]と遊んだり1人で遊ぶことが多い。この期間に，[㉑**言葉**]を覚え，ボール遊びなどを通して[㉒**運動能力**]を身に付けていく。4～5歳になると，[㉓**ままごと**]やごっこ遊びなどから，社会性や表現力，[㉔**創造力**]を養っていく。

月　日

# 1 体の発育・発達

出題重要度 ☆☆☆

**問題** 次の各問いに答えなさい。

## ◎体の発育・発達

□1 体の大きさが増すことを何というか。

□2 体のはたらきが高まることを何というか。

□3 年齢（ねんれい）とともに発育・発達するのは，体のどこか。

□4 3が発育・発達する時期はどうか。

□5 大人（おとな）になるまでの間に，身長や体重が急速に発育・発達する時期を何というか。

□6 5は，大人になるまでに何度あるか。

□7 次のグラフは，各器官の発育の仕方を表している。（　A　）にあてはまる語句を入れよ。

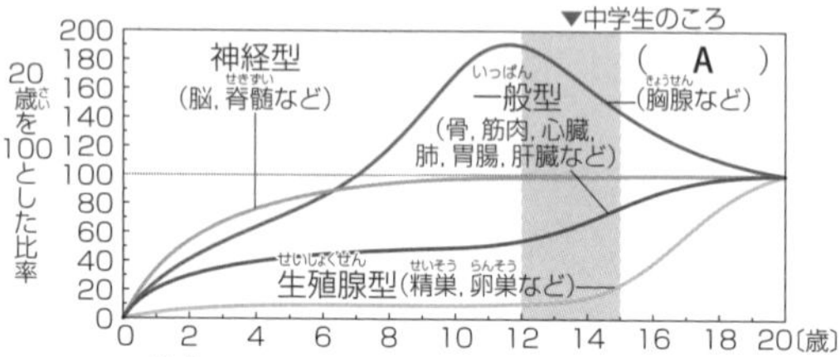


□8 脳や脊髄（せきずい）などの神経器官が発育・発達する時期はいつか。

□9 思春期に発育・発達する2つの体の器官は何か。

□10 思春期には，さまざまな器官の発育・発達により，身長や体重も急激に増える。そのため，生活する上で気をつけることは何か。

□11 思春期に現れる男女の体の特徴（とくちょう）を何というか。

## 解答

1 発育

2 発達

3 各器官（かくきかん）

4 それぞれ異なる

5 発育急進期（はついくきゅうしんき）

6 2度

**解説** 乳児と思春期の2度あり，個人差がある。

7 リンパ器官（型）

**解説** 胸腺（きょうせん）などのリンパ器官は，病原体から体を守るはたらきがある。

8 3～4歳

**解説** このころには大人の機能の約80％になっている。

9 骨，筋肉，心臓，肺，生殖器（せいしょくき）など

**解説** 思春期は小学校高学年から高校生のころ。

10 食事，運動，休養，睡眠（すいみん）など

11 二次性徴（せいちょう）

**得点アップUP**

◎各器官の発育・発達

▶3～4歳（さい）ころには脳や脊髄が，思春期には生殖器が急速に発育・発達。

▶各器官の発育・発達の時期や程度（ていど）には個人差がある。

# 2 呼吸器・循環器の発育・発達

出題重要度 ☆☆☆



問題 次の各問いに答えなさい。

### ◉呼吸器の発育・発達

□ 1　体内に空気中から酸素を取り入れ，二酸化炭素を放出する器官を何というか。

□ 2　空気を思い切り吸い込んだ後，できる限り吐き出した空気の量を何というか。

□ 3　肺の発育・発達により呼吸数はどうなるか。

□ 4　肺の中で毛細血管におおわれた器官を何というか。

□ 5　4と毛細血管の間で酸素と二酸化炭素を交換することを何というか。

□ 6　呼気の中に二酸化炭素は約何%含まれているか。

### ◉循環器の発育・発達

□ 7　酸素や栄養分を全身に運んだり，二酸化炭素や老廃物を運ぶ器官を何というか。

□ 8　心臓の収縮により送り出される血液の量を何というか。

□ 9　循環器が発育・発達して心臓の収縮力が強くなると8はどうなるか。

□ 10　8の増加により，減少するものは何か。

□ 11　呼吸器や循環器のはたらきが高まる中学生の時期には，どんな運動能力が向上するか。

### 解答

1　呼吸器(官)
解説 呼吸器とは鼻，気管，肺など。

2　肺活量
解説 体の成長とともに増える。

3　減少する

4　肺胞

5　ガス交換

6　約4(4.7)%
解説 呼気の中には酸素もおよそ16%含まれる。

7　循環器(官)
解説 循環器とは心臓や血管など。

8　拍出量

9　増加する

10　心拍(脈拍)数

11　持久力(体力)
解説 やや強い運動を週に3～5日，継続的に行うのが効果的。

---

得点アップUP

◎呼吸器・循環器の発育・発達

▶肺の発育・発達により，肺胞も増大→1回の呼吸で交換できる酸素と二酸化炭素の量が増える→呼吸数が減少

▶循環器の発育・発達により，拍出量は増加，心拍数は減少。

月　日

# 3 体の変化

出題重要度 ☆☆☆

問題 次の各問いに答えなさい。

## ◎体の変化

□ 1　思春期の男子の体つきの変化にはどのようなものがあるか。

□ 2　思春期の女子の体つきの変化にはどのようなものがあるか。

## ◎体の変化とホルモン

□ 3　体の成長をうながし，そのはたらきを調節する物質を何というか。

□ 4　3を分泌(ぶんぴつ)する(つくる)器官を何というか。

□ 5　下図の①は思春期になると脳の下垂体(かすいたい)から分泌される。それは何というか。

□ 6　②はその刺激により発育・発達した男子の生殖器(せいしょくき)である。何というか。

□ 7　③は何というか。

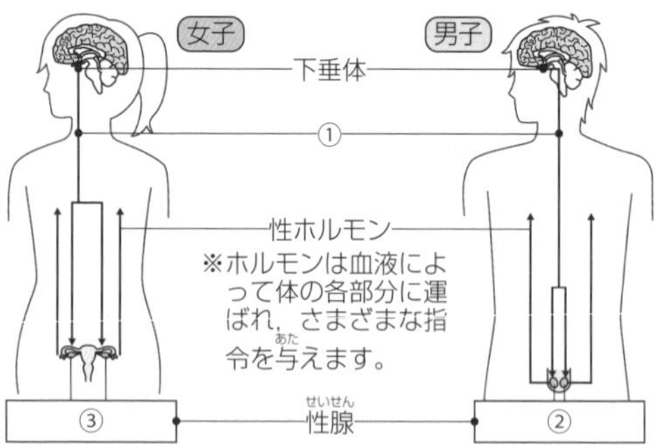


### 解答

1　声変わり，ひげが生える，肩幅(かたはば)が広くなる，射精(しゃせい)が起こる など

2　乳房(にゅうぼう)の発達，皮下脂肪(しぼう)の増加，体つきが丸くなる，排卵(はいらん)・月経が起こる など

3　ホルモン

4　内分泌腺(ないぶんぴつせん)

解説 内分泌腺から分泌されたホルモンは，血液により運ばれ各器官に作用する。

5　性腺刺激ホルモン(せいせんしげき)

6　精巣(せいそう)

7　卵巣(らんそう)

解説 下垂体からは成長をうながすホルモンと，そのはたらきを高めるホルモンを分泌する。

得点アップUP

◎ホルモンのはたらき

▶脳の視床下部(ししょう)→下垂体→性腺刺激ホルモン→生殖器（精巣・卵巣）→男性ホルモン・女性ホルモン

# 4 性機能の成熟

出題重要度 ☆☆☆



問題 次の各問いに答えなさい。

## ◉生殖器の発達

□ 1 次の図は男女の生殖器である。①，②にあてはまる語句を答えよ。

□ 2 上図の①でつくられるものを何というか。

□ 3 2 と粘液が混じったものを何というか。

□ 4 3 が尿道から体外に排出されることを何というか。

□ 5 卵巣でつくられるものを何というか。

□ 6 卵巣から 5 が排出されることを何というか。

## ◉受精から妊娠

□ 7 精子と卵子が結合するところはどこか。

□ 8 7 の状態を何というか。

□ 9 7 で結合したものを何というか。

□10 9 がもぐりこんで落ち着くところを何というか。

□11 10 の状態を何というか。

□12 結合しなかった卵子が，10 の一部とともに体外に排出されることを何というか。

## 解答

1 ①精巣
②子宮

解説 ②は赤ちゃんを育てるところ。

2 精子

3 精液

4 射精

解説 初めての射精を精通という。

5 卵子

6 排卵

7 卵管

8 受精

9 受精卵

10 子宮内膜

11 着床

解説 妊娠の成立。

12 月経

解説 初めての月経を初経という。

---

得点アップUP

◉生殖の仕組み

▶性腺刺激ホルモン ↗ 精巣→精子（精液）→射精 ↘
↘ 卵巣 → 卵子 → 排卵 ↗ 受精→受精卵→着床→妊娠

# 5 心のはたらき

出題重要度 ☆☆☆

問題 次の各問いに答えなさい。

## ◉心のはたらき・自己形成

□1 心のはたらきをつかさどる器官を何というか。

□2 右の図で，思考，感情，創造性などの重要なはたらきをする部分はア〜エのどこか。

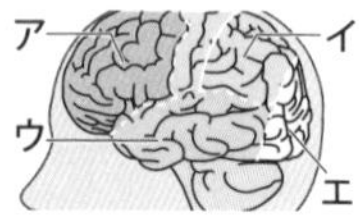


□3 言葉を使う，記憶する，理解する，判断する，推理するなどの心のはたらきを何というか。

□4 感情や意志などの心のはたらきを何というか。

□5 社会生活上必要な態度や行動のしかたのことを何というか。

□6 思春期に悩みながら自分を客観的に見つめ，考え方や行動がつくられていくこと何というか。

□7 無意識のうちに体の諸器官を調節している神経を何というか。

## ◉欲求とストレス

□8 生命を維持するための欲求を何というか。

□9 社会生活を送る上で生まれる欲求のことを何というか。

□10 欲求が満たされない状態のことを何というか。

□11 周りからの刺激により心身に負担のかかった状態を何というか。

□12 11の原因となるもの（刺激）を何というか。

## 解答

1 大脳

2 ア

解説 中でも，前頭前野は重要なはたらきをする。アは前頭葉，イは頭頂葉，ウは側頭葉，エは後頭葉である。

3 知的機能

4 情意機能

解説 感情は喜怒哀楽，意志は目的のために努力しようとする気持ちのこと。

5 社会性

6 自己形成

7 自律神経

解説 緊張や不安が自律神経に影響する。

8 生理的（な）欲求

解説 飲食・睡眠など。

9 社会的（な）欲求

解説 仲間になりたい・愛し愛されたりしたいなど。

10 欲求不満

11 ストレス

12 ストレッサー

得点アップ UP

◎心と体のかかわり

▶大脳や体の各器官が，神経やホルモンとつながっているため，心の不調が頭痛や腹痛などの体の病気となることがある。

# 6 環境(かんきょう)への適応能力

出題重要度 ☆☆☆

問題 次の各問いに答えなさい。

## ◉体の適応能力

□1　暑いときに体に現れる変化を答えよ。
□2　寒いときに体に現れる変化を答えよ。
□3　活動するのに最も適した体温は約何℃か。
□4　周りの環境の変化にも，体内の状態を一定に保つはたらきを何というか。
□5　4の能力を何というか。
□6　5を生かし，酸素濃度(のうど)の低い環境で酸素の運搬(うんぱん)能力を高めるトレーニングを何というか。

## ◉適応能力の限界

□7　暑さに適応できなくなって，体温が上昇(じょうしょう)し，多量の汗をかく。からだの水分，塩分を失って，めまい，頭痛(ずつう)などの症状(しょうじょう)が出る。何というか。
□8　冬の山や海などで遭難(そうなん)し，体温が低下しておこる症状は何か。
□9　高い山で酸素が不足し，かかる病気は何というか。
□10　体温は通常，気温が変化しても一定に保たれている。何のはたらきによって保たれるのか。
□11　体温が何度をこえると脳の細胞(さいぼう)がダメージを受けるのか。

## 解答

1　汗(あせ)を出す，筋肉が緩(ゆる)む，皮膚(ひふ)の血管が広がるなど
2　体を縮める，筋肉が緊張(きんちょう)して体が震(ふる)える，皮膚の血管が縮まるなど
3　約36.5℃（前後）
4　適　応
5　適応能力
6　高地（高所）トレーニング
7　熱中症
8　低体温症
解説 体温が33～34℃以下で意識が消失，30℃以下では死亡例が増加。
9　高山病
10　自律神経
11　41℃

得点アップ UP

◎高地（高所）トレーニング
▶酸素濃度の低い環境で生活することにより，血液中のヘモグロビンが徐々に増え，酸素の運搬能力が向上する。このような体の適応能力を利用したスポーツトレーニング。

月　日

# 特集 1 図表でチェック

出題重要度 ☆☆☆

問題 図表を見て，[　]にあてはまる語句や数値を答えなさい。

## ❶ 体の発育・発達

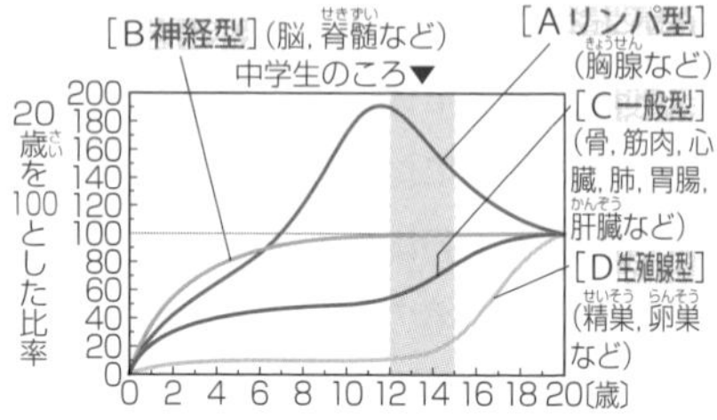


□ 1　右図を[①スキャモン]の発育曲線という。

□ 2　Aは，[②胸腺]やへんとうなどのリンパ器官で，思春期に大人以上に発育する。

□ 3　Bは，脳や脊髄などの[③神経]器官で，乳児期から発育する。

□ 4　Cは，[④心臓]や肺，骨，筋肉などで，大人になるまでに[⑤2]度，急速に発育する。この時期を[⑥発育急進期]という。

□ 5　Dは，精巣や卵巣などの[⑦生殖器]で，思春期に急速に発育する。

□ 6　体の各器官が発育する時期や程度には，[⑧個人差]がある。

## ❷ 呼吸器・循環器の発育・発達

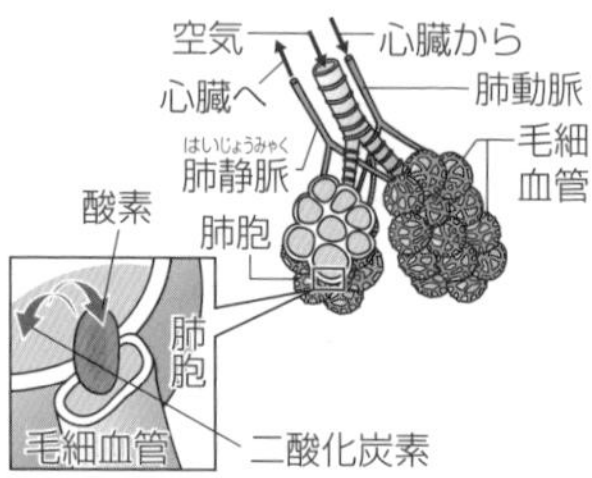


□ 7　肺が発育すると，[⑨肺活量]が増え，[⑩呼吸数]が減少する。

□ 8　毛細血管と[⑪肺胞]の間で行われている，酸素と二酸化炭素の交換を[⑫ガス交換]という。

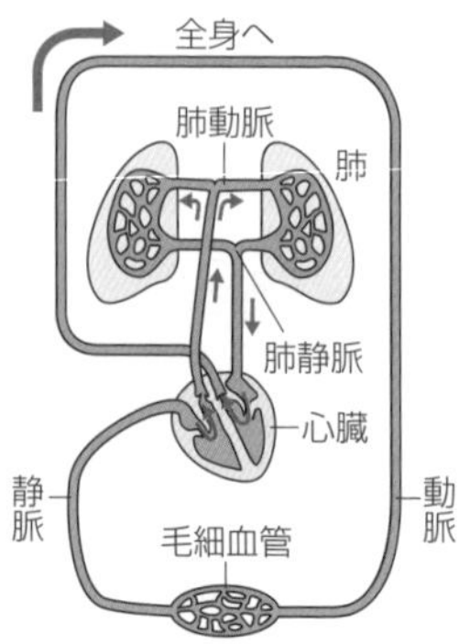


□ 9　心臓は，血液を循環させるポンプの役目をし，酸素や[⑬栄養]物質などを全身へ運ぶ。

□10　心臓の収縮で送り出される血液の量を[⑭拍出量]という。

□11　心臓が発育すると収縮力も強くなり，1回の拍出量が[⑮増え]，心拍(脈拍)数が減少する。

## ❸ 性機能の成熟

□12 精子の大きさは約0.06(0.05〜0.07)mm，卵子の大きさは直径約[⑯0.1〜0.2]mm。

□13 射精された精子が，膣から子宮を通って[⑰卵管]で，卵巣から[⑱排卵]された卵子と結合することを[⑲受精]といい，この結合したものを[⑳受精卵]という。

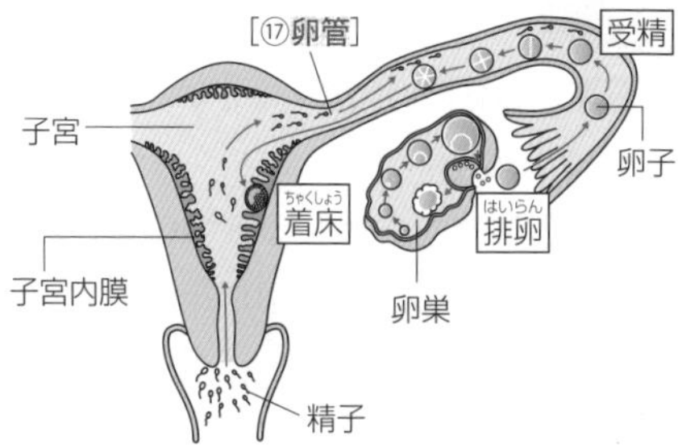


□14 受精卵が[㉑子宮]に入り，子宮内膜に潜り込むことを[㉒着床]といい，妊娠が成立する。

□15 排卵された[㉓卵子]が受精しないで，はがれた子宮内膜ともに排出されることを[㉔月経]といい，初めてのときを[㉕初経]という。

□16 精巣や卵巣が発達するのは，脳の[㉖下垂体]から[㉗性腺刺激]ホルモンが分泌されるからであり，[㉘性ホルモン]の分泌を促す。こうして男女の体つきに違いが現れるが，変化の時期には[㉙個人差]がある。

## ❹ 心のはたらき

□17

| | |
|---|---|
| [㉚知的]機能 | 言語・記憶・理解・判断 |
| [㉛情意]機能 | 感情・[㉜意志] |
| 社会性 | 自主性・[㉝協調性]・責任感 |

□18 思春期には社会性の発達とともに，自ら歩もうとする[㉞自立]の気持ちが高まり，自分なりの行動様式ができることを[㉟自己形成]という。

□19

| | |
|---|---|
| [㊱生理的]欲求 | 飲食・[㊲睡眠]・生殖・安全 |
| [㊳社会的]欲求 | 所属・承認・愛情・自己実現 |

□20 欲求が満たされない状態を[㊴欲求不満]といい，周囲からの刺激で心身に負担のかかった状態を[㊵ストレス]という。

月　日

# 7 快適な環境

出題重要度 ☆☆☆

問題 次の各問いに答えなさい。

◉快適な温度

□1　暑さや寒さを感じる３つの条件は何か。
□2　活動するのに最も適した温熱条件の範囲を何というか。
□3　2は活動の種類や季節によって同じか。
□4　2を超えた状態では，学習・作業の能率やスポーツの記録などはどうなるか。
□5　快適な温熱条件の気温は何℃～何℃か。
□6　快適な温熱条件の湿度は何%～何%か。
□7　快適な温熱条件の気流は毎秒何m以下がよいか。

◉快適な明るさ

□8　明るさの至適範囲は，活動や場所，学習によってどうか。
□9　明るさは照度で表すが，照度は何という単位か。
□10　9を測定するものを何というか。
□11　室内の明るさの調整について，
①室内が暗い場合は，何で調整するか。
②室内がまぶしい場合は，何で調整するか。
□12　教室の明るさ（黒板の明るさ）は何ルクス以上が望ましいとされているか。

解答

1　気温，気流，湿度
解説 これらを温熱条件といい，ほかにもふく射熱（放射熱）などが関係している。
2　至適範囲（温度）
3　異なる
4　低下する
5　17～28
6　30～80
7　0.5
解説 （毎秒0.5m以下の）気流は体に感じない程度の空気の動き。
8　異なる
9　ルクス
10　照度計
11　①照明，採光など
②カーテン，ブラインドなど
12　500ルクス以上（300ルクスが下限）

得点アップUP

◉快適な環境
▶暑さ・寒さは，気温・気流・湿度の組み合わせで感じる。
▶明るさが不十分な所で作業していると，視力低下の原因となる。

# 8 空気の汚れと換気

出題重要度 ☆☆☆

問題 次の各問いに答えなさい。

## ◎空気の汚れと換気

□ 1　人の呼吸や物の燃焼により発生する気体を何というか。

□ 2　1の濃度について，
①空気のどのような状態を知る指標となるか。
②教室では何%以下が望ましいか。

□ 3　換気には，自然換気のほかに何があるか。

## ◎一酸化炭素

□ 4　物質が酸素不足で燃焼する時に発生するが，このような状態を何というか。

□ 5　一酸化炭素はどのような色，臭いの気体か。

□ 6　酸素よりも血液中の赤血球に含まれる何と結合しやすいか。

□ 7　何が強く，人体に有害か。

□ 8　学校での許容濃度は何%以下とされているか。

□ 9　一酸化炭素の発生源を１つ答えよ。

□10　体内に入ってしまうと全身で酸素不足になり，頭痛やめまい，吐き気を起こし，動けなくなったり，ひどいときには死亡したりすることを何というか。

### 解答

1　二酸化炭素
解説 大気中に約0.04%含まれる。

2　①汚　れ
②0.15%以下

3　人工換気
解説 換気扇などの空調設備による換気。

4　不完全燃焼

5　無色，無臭

6　ヘモグロビン

7　毒　性

8　0.001%(10ppm)以下
解説 許容濃度が定められている。毒性が強いので検出されないのが望ましい。

9　石油・ガスストーブ，たばこの煙，自動車の排出ガス，ガスコンロなど

10　一酸化炭素中毒

得点アップUP

◎空気の汚染

▶教室における二酸化炭素濃度は0.15%以下，一酸化炭素濃度は0.001%以下が望ましい。

# 9 環境の保全

出題重要度 ☆☆☆

問題 次の各問いに答えなさい。

## ◉水の役割

□1 人の体の水分は体重の約何%か。

□2 人が生命を維持するためには1日に約何Lの水が必要か。

□3 体内の水分のはたらきを答えよ。

□4 体内の水分の約何%を失うと死亡するか。

□5 飲料水，炊事，入浴，洗濯，水洗便所などで使用する水を何というか。

□6 学校，病院，公園などで使用する水を何というか。

□7 農業，工業で使用する水を何というか。

## ◉飲料水の管理

□8 川やダム，湖などからどこへ取水するか。

□9 8で取り入れた水を沈殿，ろ過したあと，何を使って消毒するか。

□10 水質検査によって何が満たされているかを確認するのか。

□11 10で外観はどういう状態であることといっているか。

□12 10を定めている法律を何というか。

## 解答

1 60〜70%（53%）

解説 年齢，男女によって違いがある。

2 約（2〜）2.5 L

3 酸素や栄養分の運搬，食物の消化・吸収，体温調節，老廃物の排出など

4 約20%

解説 水分の約10%を失うと脱水症状が現れる。

5 生活用水

6 公共用水

7 産業用水

8 浄水場

9 塩　素

10 水質基準

11 無色透明

12 水道法

解説 50項目もの検査基準が定められている。

得点アップ UP

◎体内の水分

▶人間は，体内の水分の約10%を失うと脱水状態，約20%を失うと死亡するといわれている。

問題 次の各問いに答えなさい。

### ◉生活排水の処理

□13 し尿と生活雑排水を合わせたものを何というか。

□14 13は下水道を通ってどこで処理されるか。

□15 下水道が整備されてない地域では生活雑排水が未処理のまま海や川に流される。このことが土壌汚染のほかに何の原因になっているか。

□16 下水道の整備が困難な地域では何の整備が進められているか。

### ◉ごみの処理と環境保全

□17 家庭ごみの処理で最も多いのはどんな方法か。

□18 17のほかにはどんな処理の方法があるか。

□19 処理にともなう環境汚染を減らすために，近年行われているのは，ごみのどんな処理方法か。

□20 19のように，廃棄物やそれらの処理による環境汚染を減らす取り組みをする社会を何というか。

□21 人や企業の活動で生じた，大気汚染，水質汚濁，振動，悪臭，騒音，地盤沈下などにより，健康や環境が損なわれることを何というか。

□22 近年，二酸化炭素の排出量が増えてきたことによる気温上昇で，海面上昇や砂漠化などを引き起こしている環境問題は何か。

□23 自然界にあり，医療や工業など多くの分野で利用されているもので，人体が受けると「被ばく」という状態になるものは何か。

13 生活排水
解説 し尿は大便・小便，生活雑排水は台所・風呂・トイレで流すときなどに使われた水のこと。

14 下水処理場

15 水質汚濁
解説 洗剤や油などが原因の環境汚染。

16 合併処理浄化槽
解説 し尿と生活雑排水がいっしょに処理できる。

17 焼却

18 資源化，埋め立てなど

19 減量，リサイクル
解説 リサイクル，リデュース，リユースを合わせて3Rという。

20 循環型社会

21 公害

22 地球温暖化

23 放射線

得点アップUP

⊙公害病

▶有機水銀（メチル水銀）が原因の水俣病，カドミウムが原因のイタイイタイ病，硫黄酸化物（二酸化硫黄）が原因の四日市ぜんそくなど。

月　日

# 10 傷害の発生要因と犯罪被害

出題重要度 ☆☆☆

**問題** 次の各問いに答えなさい。

### ◉中学生の事故

□ 1　右の図で，10～14歳の死亡原因の第３位に当たるAは何か。

10～14歳の死亡原因

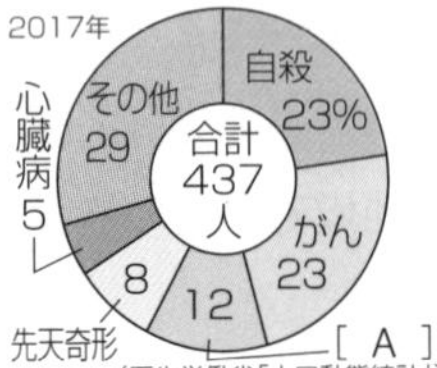


（厚生労働省「人口動態統計」）

□ 2　1のうち，最も多い原因は水死と何か。

□ 3　中学校の中での傷害で最も多いのは，どんな活動をしているときか。

### ◉傷害の原因と防止

□ 4　傷害が発生する要因のうち，疲れや危険行動によるものを何というか。

□ 5　傷害が発生する要因のうち，気象条件や設備などの状態によるものを何というか。

### ◉犯罪被害による傷害

□ 6　犯罪がよく起きている場所は，駐車場とあと１つ，どこか。

□ 7　公園や道路など自由に出入りできる場所は，何が低いといわれているか。

□ 8　暗くて人通りのあまりない場所，人から見えにくい場所は，何が低いといわれているか。

□ 9　犯罪を防ぐために，街灯をつける，防犯カメラを設置するなど何を整えることが大切か。

## 解答

1　事故死

2　交通事故

3　体育的部活動（運動・スポーツ活動中）

**解説** そのほか，水の事故，火災，転落・転倒，自然災害などの原因がある。

4　人的要因

**解説** 心身の状態や行動による。注意不足，あせり・いらいら，体調不良・睡眠不足など。

5　環境要因

**解説** 危険な物や場所なども関係する。刃物，硬い物，暗い場所，強風，さくの無い階段や屋上など。

6　駐輪場

7　領域性

8　監視性

9　環境

得点アップUP

◉事故の要因

▶睡眠不足やイライラなどの体や心の状態が事故の主な要因である。

▶交通ルール違反は，人的要因である。

# 11 交通事故の発生要因

出題重要度 ☆☆☆



**問題** 次の各問いに答えなさい。

## ◎交通事故の発生要因

□ 1　中学生の交通事故で最も多いのは何か。

□ 2　交通事故の発生要因

- (①　　)要因…危険な行動，心身の状態
- (②　　)要因…道路，設備の不備，気象条件
- (③　　)要因…車両の欠陥・整備不良・特性

□ 3　自動車の停止距離は，空走距離と何を合わせたものか。

□ 4　右の図で，後輪が前輪よりも内側を通る自動車の特性を何というか。

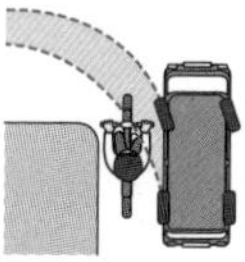

□ 5　運転席から見えない部分を何というか。

## ◎交通事故の防止

□ 6　交通事故を防ぐために，何を守って安全に行動することが大切か。

□ 7　交通事故を防ぐために，信号機や道路標識の設置，道路の整備，改善を行うことを何というか。

□ 8　駐車禁止，一方通行などを実施することを何というか。

## ◎自然災害

□ 9　自然災害といわれるものを答えよ。

□10　地震の二次災害で考えられることを答えよ。

## 解答

1　**自転車乗用中の事故**

**解説** 安全不確認，一時不停止が多い。

2　**①人　的**
**②環　境**
**③車　両**

**解説** 交通事故は，これらがかかわり合って起きる。

3　**制動距離**

**解説** ブレーキを踏んでから実際に車が止まるまでに進む距離。

4　**内輪差**

5　**死　角**

6　**交通法規**

7　**交通環境**

8　**交通規制**

9　**台風，地震，大雨，大雪など**

10　**津波，火災，土砂崩れ，地割れなど**

---

**得点アップUP**

◎交通事故の要因

▶自動車の死角，内輪差は車両要因。

▶自転車の特性を理解し，自転車安全利用５則を守る。

月　日

# 12 応急手当

出題重要度 ☆☆☆

問題 次の各問いに答えなさい。

### ◉応急手当の目的

□ 1 応急手当の目的について，(　)にあてはまる語句を答えよ。

・症状(しょうじょう)の(①　　)を防ぐ。
・不安や(②　　)を和(やわ)らげる。
・治療後(ちりょうご)の(③　　)を早める。

### ◉応急手当の手順

□ 2 応急手当の手順1～4について，(　)にあてはまる語句を入れよ。

1 周囲の(①　　)の確認。
2 傷病者の(②　　)の確認。
3 周りの人に協力を求める。
　・(③　　)番通報。
　・AED(エーイーディー)の確保。
4 気道確保→呼吸の確認。
　・呼吸なし→(④　　)—胸骨圧迫(きょうこつあっぱく)・(⑤　　)→AED
　・呼吸あり→出血していれば止血

□ 3 右の図のように，呼吸が楽にできるよう横向きに寝かせた状態を何というか。

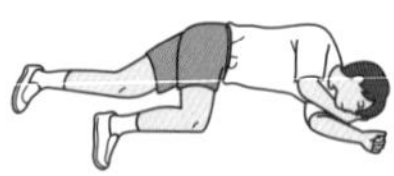

## 解答

1 ①悪化
②苦痛
③回復

解説 応急手当とは，傷病(しょうびょう)者(けが人や病人)に行う一時的な手当。

2 ①安全(状況(じょうきょう))
②反応
③119
④心肺蘇生(しんぱいそせい)
⑤人工呼吸

解説 胸骨圧迫は心臓マッサージ，AEDは自動体外(式)除細動器(じょさいどうき)のこと。

3 回復体位

解説 心肺停止の予防，早期認識と通報，心肺蘇生とAEDの除細動，救急救命士，医師が行う治療をつなげて行うことを「救命の連鎖」という。

得点アップUP

◎応急手当と救命の可能性

▶心停止や呼吸停止の人への救命処置は早く行うほどよく，しない場合と比べて救命の可能性が約2倍になる。

# 13 けがの手当

出題重要度 ☆☆☆



問題 次の各問いに答えなさい。

## ◎けがの手当

□ 1　けがの手当の目的について，(　)にあてはまる語句を答えよ。
- ・(①　　)を止める。
- ・(②　　)を和らげる。
- ・(③　　)の防止。

□ 2　傷口を強く押さえる止血方法を何というか。

□ 3　巻き包帯の巻き始めは端をどのように出しておくのか。

□ 4　包帯止めや結び目はどこを避けるか。

□ 5　患部から体のどこに向けて巻いていくのか。

□ 6　しめ過ぎず，ゆる過ぎないようにするのはなぜか。

## ◎いろいろなけがの手当

□ 7　骨折が疑われるときは患部を動かさないように何を当てて固定するか。

□ 8　関節がはずれた状態を何というか。

□ 9　関節がはずれかかってもとにもどった状態を何というか。

□10　やけどの手当の方法を書け。

### 解答

1　①出　血
②痛み(苦痛)
③細菌感染

解説 血液から感染する病気があるので血液に直接ふれないように気をつける。

2　直接圧迫止血法

解説 傷口は心臓より高くする。

3　斜　め

4　傷口，からだの下

5　中　心

6　血液の流れを妨げないため

7　固定具

8　脱　臼

解説 はめようとしない。

9　捻　挫

10　すぐに清潔な流水で患部を冷やす

解説 やけどが深く進行するのを防ぐ。

得点アップ UP

◎けがの応急手当

▶RICE法…R(Rest)安静，I(Ice)冷却，C(Compression)圧迫，E(Elevation)心臓より高く。

# 特集 2 図表でチェック

出題重要度 ☆☆☆

問題 図表を見て，[　]にあてはまる語句や数値を答えなさい。

## ❶ 健康と環境

| | |
|---|---|
| 気　温 | [①17〜28]℃ |
| 湿　度 | [②30〜80]％ |
| 気　流 | [③0.5]m／秒以下 |

□ 1　暑さ・寒さの感じ方は，上表の３つの[④温熱条件]が関係し，活動するのに最適なこれらの範囲を[⑤至適温度]という。

□ 2　明るさの単位を[⑥ルクス]といい，照度計で計測する。

□ 3　空気中の気体の濃度を測定するには[⑦気体検知管]を使う。

| 二酸化炭素 | 一酸化炭素 |
|---|---|
| ・人の[⑧呼吸]・物の燃焼により発生<br>・空気中に約[⑨0.04]％含まれる<br>・濃度は空気の[⑩汚れ]を知る目安<br>・教室では0.15％以下 | ・物の[⑪不完全燃焼]により発生<br>・無色・[⑫無臭]の気体<br>・血液中のヘモグロビンと結合<br>・[⑬毒性]が強く，人体に有害<br>・許容濃度が定められている |

□ 4　学校環境衛生基準では，一酸化炭素の許容濃度は[⑭0.001]％以下。

□ 5　室内の空気をきれいに保つには，[⑮換気]が大切である。

## ❷ 環境の保全

□ 6　・水 洗 化――公共下水道→下水処理場
　　　　　　　　[⑯合併処理]浄化槽・単独処理浄化槽→し尿処理施設
　　・非水洗化――計画収集――――――――――――――↑

□ 7　[⑰リデュース]・[⑱リユース]・リサイクルを合わせて[⑲３R]といい，[⑳循環型]社会の基本となる。

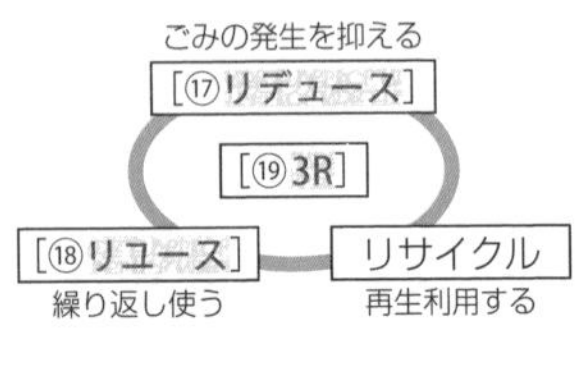

## ❸ 傷害(しょうがい)と交通事故

□ 8　中学生の死亡原因は，自殺，がん，[㉑事故死]の順に多くなっている。

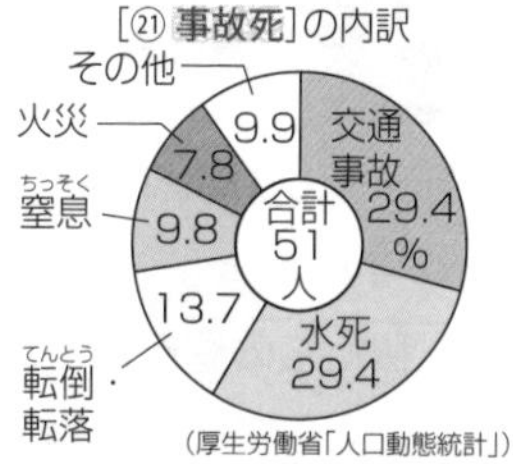


□ 9　傷害の発生には，心身の状態や危険行動などの[㉒人的]要因と，設備の状態や気象条件などの[㉓環境]要因がかかわり合っている。

□10　右図の自動車の後輪が前輪よりも内側を通る特性を[㉔内輪差]といい，自動車から見えない部分を[㉕死角]という。

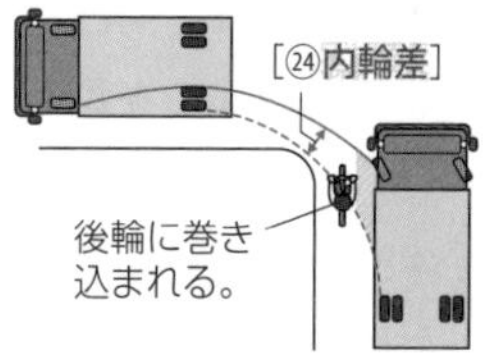


□11　交通事故は，車両特性が関係する[㉖車両]要因と，人的要因，[㉗環境]要因がかかわり合って起こる。

## ❹ 応急手当

□12　応急手当の目的は，けがや病気の[㉘悪化]を防ぐことや傷病者の苦痛や[㉙不安]を和らげること。

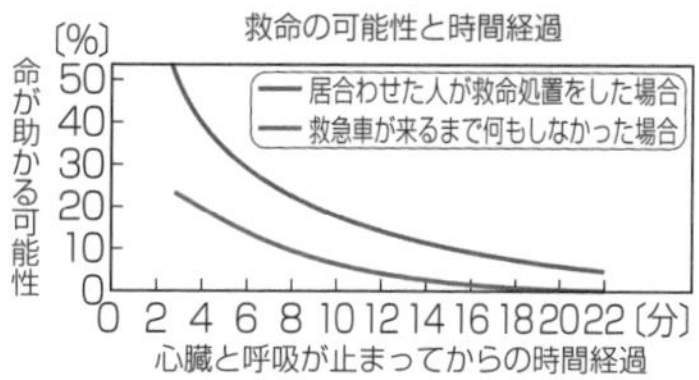


□13　応急手当の手順

[㉜回復体位]・上の足をまげる・手をあごの下にする。


❶周囲の[㉚安全]の確認

❷傷病者の[㉛反応]の確認――反応あり→[㉜回復体位]

反応なし→周りに協力を求める

119番通報

[㉝AED(エーイーディー)]の確保

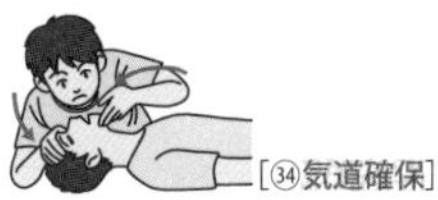


❸[㉞気道確保]――呼吸の確認

呼吸なし→[㉟心肺蘇生(しんぱいそせい)]――→AED装着

[㊱胸骨圧迫]30回，人工呼吸２回を繰り返し行う

# 14 健康の成り立ち

月　日

出題重要度 ☆☆☆

**問題** 次の各問いに答えなさい。

## ◉健康の成り立ち

□ 1　私たちの健康は2つのことを良好に保つことによって成り立っている。1つは自分自身である，これを何というか。

□ 2　もう1つは 1 を取り巻くさまざまな何か。

## ◉主体と環境の要因

□ 3　主体の要因のうち，性別，年齢，免疫，遺伝など生まれつき持っているものを何というか。

□ 4　主体の要因で行動とあと1つ，食事や睡眠，運動や休養，衛生の習慣などの状況を何というか。

□ 5　環境の要因のうち，温度，湿度，紫外線，放射線などは何というか。

□ 6　環境の要因のうち，細菌，ウイルス，害虫，動物などは何というか。

□ 7　環境の要因のうち，人間関係，保健，労働条件，社会情勢などは何というか。

□ 8　働き方の変化や少子化，高齢化などの社会生活の変化，工業化による自然環境の破壊，減少などの変化から起こる現代の健康問題を答えよ。

**解答**

1　主体

2　環境

**解説** 健康のための個人の取り組みと，社会の環境を整えるという考え方をヘルスプロモーションという。

3　素因

4　生活習慣

**解説** 生後身につけるもの。そのほか，喫煙や飲酒などがある。

5　物理・化学的環境

**解説** 有害物質や薬物などは化学的環境である。

6　生物学的環境

7　社会的(文化的)環境

**解説** 医療制度，経済状態もある。

8　アレルギー，認知症，新しい感染症など

---

**得点アップUP**

◎病気の発生要因

▶病気は，自分である主体と，周りの環境の要因がかかわり合って起きる。

# 15 食生活と健康

出題重要度 ☆☆☆



問題 次の各問いに答えなさい。

## ◎食生活と健康

□ 1 私たちが食事からとり入れているものは何か。

□ 2 1は活動するための何となるか。

□ 3 生きていく上で必要最小限の2を何というか。

□ 4 健康のためには，1をどのようにとることが必要であるか。

□ 5 中学生が1日に必要なエネルギー量を男女それぞれ答えよ。

## ◎栄養素のはたらき

□ 6 次の栄養素が不足した場合の障がい例を答えよ。

①たんぱく質　②カルシウム

③ビタミン(A)

□ 7 次の栄養素のとり過ぎによる障がい例を答えよ。

①脂質(ししつ)　②ナトリウム(食塩)

□ 8 朝食を抜(ぬ)くと何が上がらず，体や脳がはたらかないか。

□ 9 健康に過ごすためには，塩のほか何をひかえたほうがよいか。

□10 1日3回の食事を適切にとって，規則正しい食生活をおくることは健康の何につながるか。

### 解答

1 栄養素(えいようそ)

2 エネルギー

3 基礎代謝量(きそたいしゃりょう)

4 バランスよくとる

解説 主食・主菜・副菜を基本にして，いろいろな食品をバランスよくとる。

5 男子 2600kcal

女子 2400kcal

6 ①体力低下，貧血など

②骨・歯の発育不良など

③視力低下，抵抗力(ていこうりょく)低下，皮膚病(ひふびょう)など

7 ①肥満，生活習慣病，大腸がんなど

②高血圧

8 体温

9 脂肪(しぼう)

10 保持増進

得点アップ UP

◎中学生の食生活

▶規則正しく食事をとり，生活のリズムを整えることが，将来の健康保持につながる。

16

# 運動・休養と健康

月　日

出題重要度 ☆☆☆

問題 次の各問いに答えなさい。

## ◉運動と健康

□1 適度な運動は，体の何の発達を促すか。

□2 適度な運動は，気分転換だけでなく，何に役立つか。

□3 運動不足は，体力低下だけでなく，肥満や何の原因となるか。

□4 運動が体にもたらす効果として，
①心臓で増加するものは何か。
②肺で増加するものは何か。

□5 過度な運動が引き起こす障がいを何というか。

□6 5の症例を答えよ。

## ◉休養と健康

□7 長時間の学習や作業により感じる眠気やいらいらなどの心身の状態を何というか。

□8 7が蓄積することにより，病気にかかりやすくなるのは，体の何が低下するからか。

□9 7の回復には何が有効か。

□10 9の具体的な例を答えよ。

□11 長時間コンピュータを使用したり，テレビゲームをしたりすると目や体，精神が疲労するなど心身に影響が出る。予防としてどれくらいの間隔で休憩をとるとよいか。

## 解答

1 各器官

2 ストレスの解消

3 生活習慣病

4 ①拍出量
②肺活量

解説 ほかに，骨量の増加や毛細血管の発達なども見られる。

5 スポーツ障がい

6 野球肘，サッカー足など

解説 ほかに，テニス肘，腰椎椎間板ヘルニアなどがある。

7 疲労

8 抵抗力

9 休養

10 睡眠，入浴，軽い運動，栄養補給，趣味でリラックスするなど

11 30分～1時間ごと

得点アップUP

◎睡眠と成長ホルモン

▶眠り始めの深い睡眠のときに大量に分泌される成長ホルモンは，体の成長だけでなく，疲労回復も促す。

# 17 生活習慣病・社会の取り組み

出題重要度 ☆☆☆

問題 次の各問いに答えなさい。

## ◎生活習慣病

□ 1 生活習慣が原因で起こる病気を何というか。

□ 2 1の原因として，脂肪分，エネルギーの取り過ぎのほかに何の取り過ぎがあるか。

□ 3 1の原因として，睡眠不足のほかに何不足があるか。

□ 4 十分な休養・睡眠をとって，何をためないようにすることが大切か。

□ 5 日本人の三大死亡原因を全て答えよ。

□ 6 動物性脂肪のとり過ぎで血管の壁にコレステロールなどがたまり，血管が硬くもろくなる病気を何というか。

□ 7 心臓の血管が狭くなり，先の筋肉が酸素不足になる病気を何というか。

□ 8 心臓の血管が詰まり，先の筋肉が死ぬ病気を何というか。

□ 9 血液中のブドウ糖の量が異常に多くなる病気を何というか。

## ◎生活習慣病の予防

□10 生活習慣病の予防には，心身に負担のない生活と，定期的な検査による何が大切か。

### 解答

1 生活習慣病
解説 子どものころからの習慣が深くかかわっている。

2 塩

3 運動

4 ストレス

5 がん，心臓病，脳卒中
解説 がんとは，正常な細胞の遺伝子に傷がついてがん細胞に変化し，そのはたらきを侵す病気。

6 動脈硬化

7 狭心症

8 心筋梗塞

9 糖尿病

10 早期発見・早期治療
解説 メタボリックシンドローム(内臓脂肪症候群)は，生活習慣病と深いかかわりがある。

得点アップ UP

◎生活習慣病の予防

▶ブレスローの７つの健康習慣…①定期的な運動　②朝食をとる　③喫煙しない　④飲酒は適量か飲まない　⑤間食しない　⑥睡眠は７～８時間　⑦適正体重維持

月　日

# 18 喫煙と健康

出題重要度 ☆☆☆

問題 次の各問いに答えなさい。

## ◉たばこの有害物質

□ 1　血管を収縮させる，血圧の上昇，心拍数の増加などの害がみられるものを何というか。

□ 2　1は体内に入ると摂取せずにはいられなくなり，やめられなくなる。このような性質を何というか。

□ 3　多くの発がん性物質を含み，肺に付着して肺のはたらきを低下させる物質を何というか。

□ 4　一酸化炭素は血管を傷つけたり，何の運搬能力を低下させるか。

## ◉喫煙の影響

□ 5　喫煙者がたばこから吸い込む煙を何というか。

□ 6　たばこの先から出る煙を何というか。

□ 7　5と6では，どちらの方が有害物質を多く含むか。

□ 8　吐き出されたたばこの煙を，周囲の人が吸い込むことを何というか。

□ 9　8による悪影響を防止するための対策として，公共施設などで禁煙・分煙を行うよう定めた法律を何というか。

□10　世界保健機構により発効された，たばこによる健康被害防止を目的とする国際条約を何というか。

## 解答

1　ニコチン

2　依存性

3　タール

解説 発がん性物質を含み，喉頭がん，肺がんなどにかかる率が非喫煙者に比べて高くなる。

4　酸素

5　主流煙

6　副流煙

解説 めまいや息切れ，せき，タンなどの症状が出ることもある。

7　6

8　受動喫煙

解説 心筋梗塞や気管支ぜんそくなどにかかりやすくなる。

9　健康増進法

10　たばこ規制枠組み条約

解説 2005年発効。広告の規制や警告表示の強化などが行われている。

---

得点アップUP

◎たばこの害

▶喫煙の開始年齢が低いほど，肺がんや心臓病などの病気にかかりやすい。

▶妊婦の喫煙は，胎児の発育に悪影響をおよぼし，早産の危険が高まる。

# 19 飲酒と健康

出題重要度 ☆☆☆

問題 次の各問いに答えなさい。

## ◉飲酒と健康

□1 酒の主成分を何というか。
□2 1は神経以外に体のどの器官のはたらきを低下させるか。
□3 1は人のどのような能力を低下させるか。
□4 1は体のどの器官で処理されるか。
□5 1が体内で処理される途中でできるものは何か。
□6 5は，吐（は）き気や頭痛など何の原因となるか。
□7 1をやめたくてもやめられない性質のことを何というか。
□8 7により飲酒がやめられなくなることを何というか。
□9 一度に大量の飲酒をして，呼吸不全を起こすことを何というか。
□10 意識を失い，死亡に至（いた）るアルコール血中濃度（のうど）は何%か。

## ◉未成年者への飲酒の影響（えいきょう）

□11 飲酒が未成年者の体におよぼす影響を答えよ。
□12 未成年者の飲酒を禁止した法律を何というか。
□13 12では，酒類の販売業者のほかにだれが罰（ばっ）せられるか。

解答

1 アルコール（エチルアルコール）
2 脳
3 思考力，運動能力，自制力など
4 肝臓（かんぞう）など
5 アセトアルデヒド
6 二日酔（よ）い
7 依存（いぞん）性
8 アルコール依存症（しょう）
解説 飲酒開始年齢（ねんれい）が低いほど，依存症になる割合が高い。
9 急性アルコール中毒
10 0.41～0.50%
11 脳の委縮（いしゅく），記憶力の低下，性ホルモンの分泌（ぶんぴつ）異常など
12 未成年者飲酒禁止法
13 親

得点アップUP

◉飲酒の害
▶「一気飲み」は，急性アルコール中毒を起こし，死に至ることもあるので，危険。

# 20 薬物乱用の影響と健康

出題重要度 ☆☆☆

問題 次の各問いに答えなさい。

## ◉薬物乱用と依存

□ 1　医薬品を医療の目的以外に使用したり，医療用でない薬物を不正に使用することを何というか。

□ 2　薬物は直接どこにはたらきかけて，幻覚が現れたり，錯乱状態を引き起こしたりするのか。

□ 3　薬物は乱用を繰り返すうちに，量や回数も増え，自分の意志ではやめられなくなる。このことを何というか。

□ 4　薬物乱用をやめたあとで，幻覚などの精神異常が突然現れることを何というか。

□ 5　次の薬物乱用による精神障がいを何というか。
①実際にはしない音が聞こえること。
②物の形や大きさが違って見えたり，実際にはないものが見えたりすること。

## ◉薬物乱用の影響

□ 6　興奮作用があり，薬がきれると激しい疲労感や脱力感に襲われる薬物は何か。

□ 7　感覚異常になり，乱用を繰り返すと，白血球の減少や免疫力低下などを引き起こす薬物は何か。

□ 8　コカインやヘロインなどの薬物は何というか。

□ 9　シンナーやトルエンなどを何というか。

## 解答

1　薬物乱用

2　脳

3　薬物依存(症)
解説 薬の中には1回の使用で死亡する物もある。

4　フラッシュバック現象

5　①幻聴
②幻覚(幻視)

6　覚醒剤

7　大麻
解説 マリファナ，ハッパなどとも呼ばれ，乱用により，精子異常や月経異常など生殖機能にも障がいが起こる。

8　麻薬
解説 近年，若者による合成麻薬や違法ドラッグの乱用が問題となっている。

9　有機溶剤

得点アップUP

◉薬物乱用
▶ 1回の使用でも薬物乱用。
▶薬物を所持しているだけでも罰せられる。

# 21 感染症

出題重要度 ☆☆☆

問題 次の各問いに答えなさい。

### ◎感染症の発病（発症）と経路

□ 1 ウイルスや細菌(さいきん)のことを何というか。

□ 2 1が体内に侵入(しんにゅう)して定着・増殖(ぞうしょく)することを何というか。

□ 3 2によって起こる病気を何というか。

□ 4 2から発病（発症）までの期間を何というか。

□ 5 3の発病（発症）に関係するのは，
①主体の条件としてあげられるものは何か。
②環境(かんきょう)の条件としてあげられるものは何か。

□ 6 病原体が体内に侵入する道筋を何というか。

### ◎感染症の予防

□ 7 感染症予防の対策について，（　）にあてはまる語句を答えよ。
・（①　　）をなくす…病原体の消毒・殺菌(さっきん)
・感染経路を断(た)つ…（②　　）・うがい，マスク
・体の（③　　）を高める…運動・休養，予防接種

□ 8 抵抗力(ていこう)の中で，体内に侵入した病原体から体を守るしくみを何というか。

□ 9 8のしくみを利用して，体内に抗体(こうたい)をつくっておくことを何というか。

□ 10 8のはたらきをする白血球の一種を何というか。

**解答**

1 病原体
2 感染
3 感染症
4 潜伏期間(せんぷく)
解説 発熱などの症状が出ることを発病（発症）という。病原体の種類により潜伏期間は異なる。
5 ①抵抗力(ていこう)，栄養状態
②温度や湿度，人口密度，交通網など
6 感染経路
7 ①発生源（感染源）
②手洗い
③抵抗力
8 免疫(めんえき)
9 予防接種
解説 毒性を弱めた病原体を体内に入れて抗体をつくる。
10 リンパ球

得点アップ UP

◎体を守るしくみ
▶病原体などから体を守る力が抵抗力。
▶予防接種，十分な栄養，休養などで免疫力アップ。

月　日

# 22 性感染症

出題重要度 ☆☆☆

問題 次の各問いに答えなさい。

## ◎性感染症

□ 1 性的接触で感染する病気を何というか。

□ 2 1の病原体は男性の場合どこに存在するか。

□ 3 1の病原体は女性の場合どこに存在するか。

□ 4 1の病原体で男女ともに存在するのは粘膜以外にどこか。

□ 5 1の病原体を答えよ。

□ 6 感染しても発病するまで長いものがある。この期間を何というか。

□ 7 感染の不安や症状があるときは皮膚科，婦人科と，あと何科の医療機関で検査・治療を受けられるのか。

□ 8 性感染症の予防には性的接触をしないことが最も有効だが，直接接触を避けるために有効なのものは何か。

## ◎エイズ

□ 9 エイズの原因となる病原体を何というか。

□10 ほとんどの場合，感染経路は何か。

□11 輸血や血液製剤，注射器の針から感染する場合は，何を感染経路としているか。

□12 日本のHIV感染者やエイズ患者数はどのような傾向にあるか。

## 解答

1 性感染症

2 精　液

3 膣分泌液

4 皮膚，血液

5 クラミジア，原虫，ウイルス，細菌など

6 潜伏期間

7 泌尿器科

解説 相手も自分も同時に治療を受けることが必要である。

8 コンドーム

解説 エイズ（後天性免疫不全症候群）に感染すると，免疫のはたらきが低下し，がんなどにかかりやすくなる。潜伏期間が長い。

9 HIV（ヒト免疫不全ウイルス）

10 性的接触

11 血　液

12 増加傾向にある

得点アップUP

◎危険な性感染症の低年齢化

▶性感染症の放置は，不妊症や子宮外妊娠，母体から胎児への感染による流産・早産の原因となる。

月　日

# 23 保健・医療機関と医薬品の利用

出題重要度 ★★☆

問題 次の各問いに答えなさい。

◎保健・医療機関

□ 1　病気やけがの診察・治療などを行う機関を何というか。

□ 2　感染症対策や食中毒の対応，住民の健康保持の保健計画などの専門的な活動をするのはどこか。

□ 3　健康診断，予防接種，乳幼児の健康診査など住民に身近な保健を中心に活動するのはどこか。

◎医薬品

□ 4　医薬品で，治療などに効果的な作用を何というか。

□ 5　医薬品で，4 以外の好ましくない作用を何というか。

□ 6　4 が最大限はたらき，5 が抑えられるようにするため，使用時に決められていることは何か。

□ 7　体にもともと備わっている，病気を治そうとする力を何というか。

◎健康を守る社会の取り組み

□ 8　国民の健康を守るために活動している国の機関を何というか。

□ 9　世界規模の健康問題に対処している，保健衛生に関する国際連合の専門機関を何というか。

解答

1　医療機関
解説 ベッド20床以上を病院，19床以下を診療所という。

2　保健所

3　保健センター
解説 保健福祉センターなど名称は異なる。

4　主作用

5　副作用

6　使用回数，使用時間，使用量，使用方法
解説 回数と量は，効き目のある範囲に保たれるようになっている。

7　自然治癒力

8　厚生労働省

9　WHO（世界保健機関）
解説「健康は，すべての人間の基本的権利」として国際的に活動している。

得点アップUP

⊙国民の健康を守るため

▶憲法第25条「すべて国民は，健康で文化的な最低限度の生活を営む権利を有する」。

# 特集3 図表でチェック

出題重要度 ★★☆

問題 図を見て，[　]にあてはまる語句を答えなさい。

## ❶ 健康の成り立ち

運動の効果

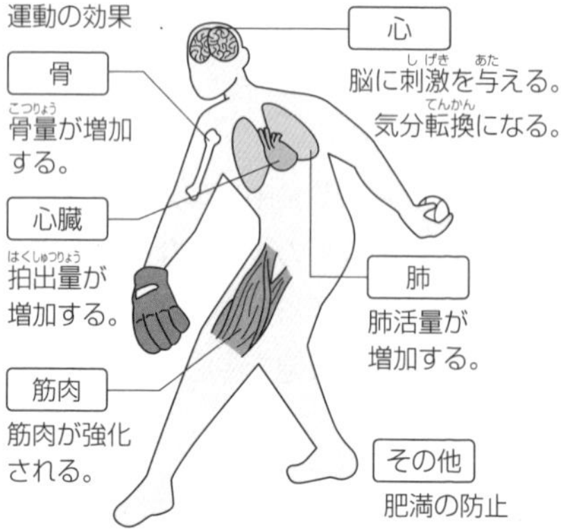


□ 1 運動不足は体力低下だけでなく，[①**肥満症**]や[②**生活習慣病**]の原因となる。

□ 2 長時間連続の学習や作業は[③**疲労**]を感じる。
その回復には，睡眠や入浴，気分転換などの適度な[④**休養**]が効果的である。

□ 3 私たちは食事から[⑤**栄養素**]を取り入れ，それを[⑥**エネルギー**]として活動している。この最小限必要なエネルギー量が[⑦**基礎代謝量**]で，年齢や活動量により違う。

## ❷ 生活習慣病

死亡の原因(2019年)

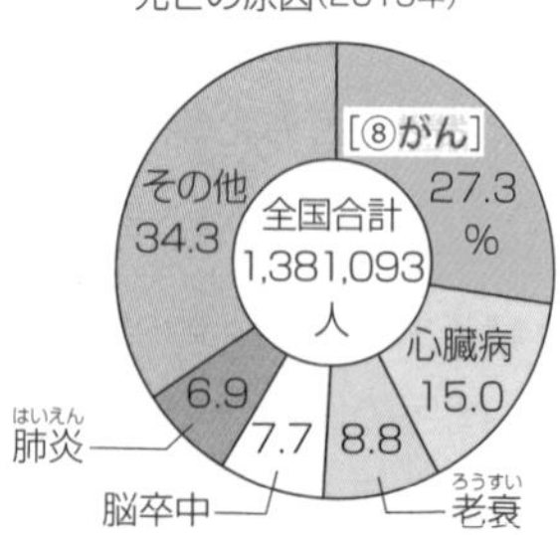


(厚生労働省「人口動態統計」)

□ 4 日本人の死亡原因の第１位は[⑧**がん**]であり，三大死亡原因は，[⑨**生活習慣**]が影響している。

□ 5 食生活の乱れや[⑩**運動**]・睡眠不足，過度な[⑪**ストレス**]・飲酒・[⑫**喫煙**]など，問題となる生活行動が[⑬**生活習慣病**]の原因とされる。これは[⑭**自覚症状**]に乏しいため，[⑮**早期発見**]・早期治療が大切である。

□ 6 [⑯**動物性脂肪**]の取りすぎや運動不足は[⑰**脂質異常症**](高脂血症)となって[⑱**動脈硬化**]に，塩分の取りすぎやストレスは[⑲**高血圧**]につながる。

□ 7 脳出血や脳梗塞など，脳が障がいを受ける病気を[⑳**脳卒中**]という。

## ❸ 喫煙・飲酒・薬物乱用

□ 8 喫煙者が吸い込む煙を［㉑主流煙］，たばこの先から出る煙を［㉒副流煙］という。
有害物質は副流煙の方により多く含まれるため，周りの人への［㉓受動喫煙］が問題である。
このため，［㉔健康増進法］により，禁煙・分煙が進められている。

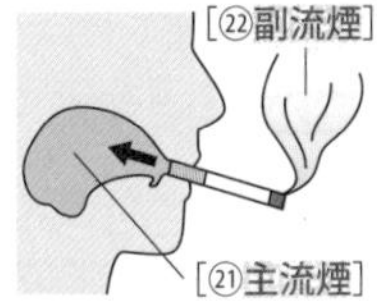


□ 9 たばこの煙に含まれる，［㉕ニコチン］には依存性があり，タールは多くの［㉖発がん］物質を含む。また，［㉗一酸化炭素］は酸素の運搬能力を低下させる。

□10 酒の主成分である［㉘アルコール］（エチルアルコール）は，肝臓で酵素により処理され［㉙アセトアルデヒド］ができる。

□11 薬物の不正使用は１回でも［㉚薬物乱用］である。

□12 ［㉛大麻］はマリファナ，ハッパ，チョコなどとも呼ばれる。

## ❹ 感染症

□13 感染症の発症には，抵抗力や栄養状態など［㉜主体］の条件と，温度や湿度，人口密度，交通などの［㉝環境］の条件がかかわり合っている。

□14 体の抵抗力を高めるには，十分な栄養や休養のほか，予防接種でワクチンを体内に入れて［㉞抗体］をつくる方法もある。これは［㉟免疫］のしくみの応用である。

□15 性器クラミジア感染症は［㊱若年層］の感染率が高い。

□16 ［㊲エイズ］（後天性免疫不全症候群）は，免疫のはたらきを低下させる［㊳ＨＩＶ］に感染して発病するが，潜伏期間が10年以上と長い場合もあり，自覚症状もないので感染拡大が心配される。

性器クラミジア感染症報告数

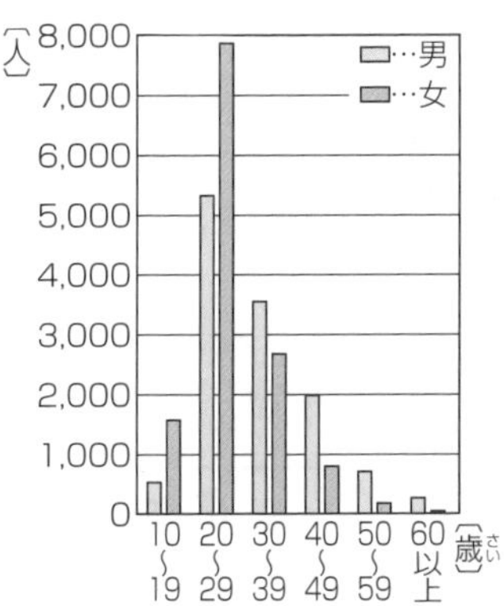


（感染症発生動向調査2018）

月　日

# 24 運動とスポーツ

出題重要度 ☆☆☆

**問題** 次の各問いに答えなさい。

### ◉運動・スポーツの必要性と楽しさ

□1 「スポーツ」の語源は何か。

□2 記録の達成，他人と競い合うことを何というか。

□3 登山は何に親しんだり，挑戦（ちょうせん）したりするのか。

□4 ダンスはイメージや感情をどうすることを楽しむのか。

□5 ヨガやウォーキングなどは体力向上や何の維持が目的か。

□6 「スポーツは，すべての人にとって基本的権利である」と定めた機関はどこか。

### ◉スポーツへのかかわり方

□7 競技に出場したり，イベントに参加することはどうかかわっているか。

□8 観戦や応援（おうえん）することは，どうかかわっているか。

□9 指導したり，ボランティアに参加することは，どうかかわっているか。

### ◉スポーツの学び方

□10 スポーツで合理的な体の動かし方を何というか。

□11 個人の役割を決めたりする試合の方針を何というか。

□12 10を使って競い合いを有利にするプレイのしかたを何というか。

**解答**

1 気晴らし，楽しみ，遊びなど

2 競技

3 自然

4 表現

5 健康

6 ユネスコ

**解説** 体育およびスポーツに関する国際憲章。

7 行う

8 見る

9 支える

**解説** ほかに，インターネットや書物で調べたり，資料館などで情報や歴史を知るかかわり方もある。

10 技術

11 作戦

12 戦術

**解説** 戦術の重要性は競技によって変わる。

得点アップUP

◎目標達成への学び方

▶目標や計画を立てる→それぞれのスポーツに合った正しい動きを見つけ，練習する→練習の成果を確認する

# 25 体つくり運動・集団行動

出題重要度 ☆☆☆

問題 次の各問いに答えなさい。

## ◉体つくり運動

□ 1　体つくり運動は体ほぐしの運動と体力を高める運動がある。体ほぐしの運動のねらいは3つあり，1つは心や体の状態にどうすることか。

□ 2　ねらいのうち，体の調子をどうすることか。

□ 3　ねらいのうち，仲間とどうすることか。

□ 4　体力を高める運動では，効率よく組み合わせて体を柔(やわ)らかくする運動は何を高めるか。

□ 5　運動を一定の時間行ったり，回数をふやすことで何の能力を高めるか。

□ 6　自分の体重や抵抗(ていこう)を利用して何を高めるか。

## ◉集団行動

□ 7　「気を付け」の姿勢では，つま先を何度に開くか。

□ 8　「礼」では，上体を約何度前傾(ぜんけい)させるか。

□ 9　「右向け右」で右へ90度方向転換(てんかん)するとき，それぞれ足のどこを軸(じく)とするか。

□10　駆(か)け足での「全体—止まれ」で，止まる合図では，どのような動作をするか。

□11　右の図の隊列(たいれつ)を何というか。

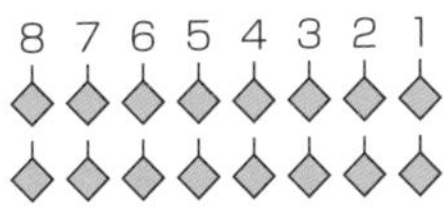


## 解答

1　気づく

解説 自分の心と体は互いに関係している。

2　整える

3　交流

4　柔軟性(じゅうなんせい)

解説 ストレッチには静的と動的の２種類ある。

5　持続力

6　力強い動き

解説 ほかは，巧(たく)みな動き。

7　45～60度

8　約30度

9　右足かかとと左足つま先

解説 両足かかとを軸に，一動作で右へ90度方向転換してもよい。

10　1・2で止まる

解説 行進の場合は１歩踏(ふ)み出し，次の足を引き付ける。

11　2列横隊(おうたい)

得点アップ UP

◉体力を高める

▶柔軟性が高くなると血行がよくなり，疲労(ひろう)回復になるので，けがの防止に効果がある。

月　日

# 26 陸　上 ①

出題重要度 ★★☆

問題 次の各問いに答えなさい。

## ◎短距離走

□ 1　短距離走のスタートを何というか。

□ 2　次の図で，最も一般的なスタート時の足の位置はどれか。また，その名称を何というか。

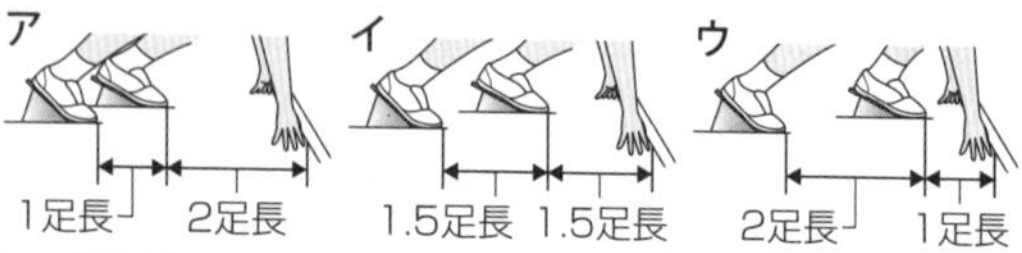


□ 3　「位置について」では，ひじを伸ばし，両手をどれくらい広げるか。

□ 4　各走者に決められた走路のことを何というか。

□ 5　右の図の■■■の部分がフィニッシュラインに到達してフィニッシュとなるが，この部分を何というか。

□ 6　不正スタートのことを何というか。

## ◎長距離走

□ 7　長距離走のスタートを何というか。

□ 8　長距離走のスタートで，「位置について」の次は何か。

□ 9　長距離走での一般的な呼吸法は何か。

□10　速く走ったり歩いたりを交互に行うトレーニングを何というか。

## 解答

1　クラウチングスタート

2　イ
ミディアムスタート

解説 アはバンチスタート，ウはエロンゲーテッドスタート。

3　肩幅くらい

解説 指は立てる。

4　レーン

解説 最後まで決められたレーンを走る。

5　トルソー

解説 胴体部分

6　フライング

7　スタンディングスタート

8　「ドン」

9　2呼2吸(2呼1吸)

10　インターバル走

---

得点アップUP

**短距離走**

▶スタート→加速疾走→中間疾走→フィニッシュ。

▶信号器が発射される前に，体の一部がスタートラインやその前方の地面に触れてはいけない。

**問題** 次の各問いに答えなさい。

## ◎リレー

□11 次の図を見て各問いに答えなさい。

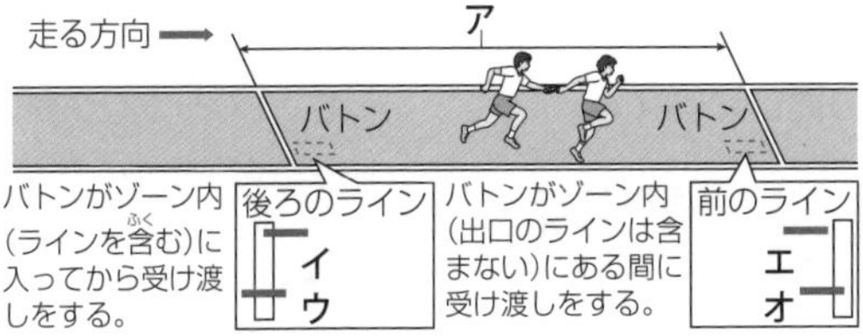


①バトンパスを行う**ア**のエリアを何というか。

②**ア**は何mあるか。

③バトンパスのときのバトンの位置が正しいものを**イ**～**オ**からすべて選べ。

□12 スタート時のバトンについて，正しいのは次の**ア**・**イ**のうちどちらか。

**ア** バトンは地面に触れてはいけない。

**イ** バトンはスタートラインから出てもいい。

□13 レーンを使用しないリレーで，前走者がコーナーの旗を通過した順に次走者がレーン内側から並ぶ方法を何というか。

□14 次の文で失格となるものはどれか。

**ア** 落としたバトンを拾うためレーンをはずれる。

**イ** 次走者を押して速く走る手助けをする。

**ウ** バトンを渡し終えた走者が，走路がすべて空くまでレーン内にとどまる。

□15 計時員は信号器の発する煙，または何を見てストップウォッチを押すか。

11 ①テークオーバーゾーン
②30m
③イ・エ

**解説** ②テークオーバーゾーンの中でバトンの受け渡しを完了させる。
③バトン全部が，ラインを含むゾーン内に入ってから，出口のラインを越えないまでに受け渡しを完了する。**ウ・オ**は失格。

12 イ

**解説** クラウチングスタートで行う。

13 コーナートップ制

**解説** 旗通過後は順番を変えてはいけない。

14 イ

**解説** **ウ** ほかの走者への妨害を避けるため，自分のレーンにとどまる。

15 光

**解説** 走者の胴体がフィニッシュラインに着いたら止める。

得点アップUP

**◎バトンパス**

▶バトンパスはテークオーバーゾーン内(入口のライン含む～出口のライン含まず)で行う。

# 27 陸　上 ②

出題重要度 ☆☆☆

問題 次の各問いに答えなさい。

◉ハードル走

□ 1　次の図を見て，以下の問いに答えよ。

ハードル走の各局面の名称

①踏(ふ)み切りから着地までの一連の動作アを何というか。

②ハードルとハードルの間イを何というか。

③ハードル間は一般(いっぱん)的に何歩で走るか。

□ 2　次の図で，ハードルをはさんだ踏み切り距離(きょり)と着地距離の割合のめやすはどれくらいか。

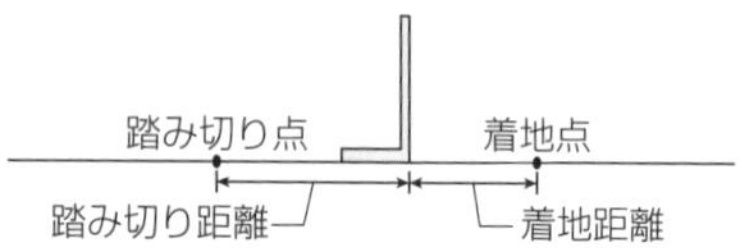


□ 3　中学生の正式コースでのハードル高さは男子，女子それぞれ何cmか。

□ 4　次のうち，失格となるものをすべて選べ。

ア　ハードルをうっかり倒(たお)してしまったとき。

イ　自分のレーン以外のハードルを跳(と)び越したとき。

ウ　ハードルの外にはみ出した足が，ハードルの高さより低い位置を通ったとき。

## 解答

1　①ハードリング

②インターバル

③3 歩

解説 ハードルを跳び越すときは前傾(ぜんけい)姿勢で，走り越す感覚。抜(ぬ)き足は水平に引き付ける。

2　3：2

解説 近くから踏み切ると，遠くから踏み切るときと比べて高く飛び，動きにブレーキがかかるので気をつける。

3　男子 91.4cm

女子 76.2cm

解説 ハードルの台数は距離が何mでも10台。

4　イ・ウ

解説 イ　最後まで決められたレーンを走る。

ウ　ハードルをわざと倒すと失格となる。

得点アップUP

◎理想的な跳び越し

▶踏み切り距離3に対して，着地距離2。

▶ハードルの真上ではなく，手前が最も高くなるように飛ぶ。

**問題** 次の各問いに答えなさい。

## ◉走り幅跳び

□ 5　次の図で，それぞれの跳び方を何というか。

□ 6　次の図を見て，各問いに答えなさい。

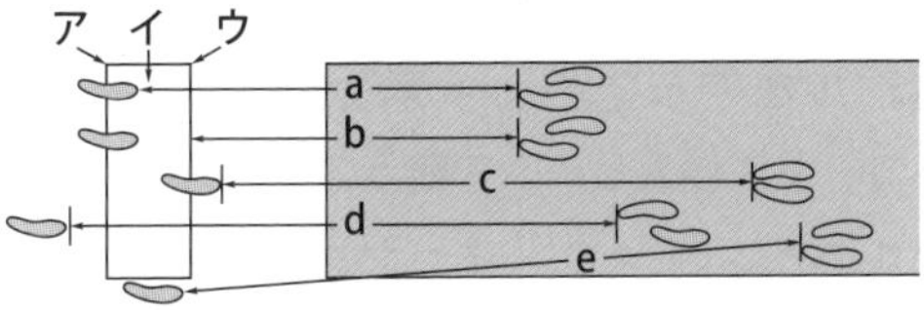


①踏み切り線は，ア～ウのうちのどれか。

②正しく計測しているのは，a～eのうちのどれか。

③無効試技（失格）となるのは，a～eのうちのどれか。

## ◉走り高跳び

□ 7　次の図で，それぞれの跳び方を何というか。

□ 8　右の図で，正しく計測しているのはどれか。

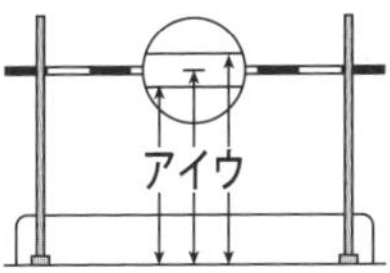


5　A反り跳び
　B はさみ跳び

**解説** A 胸を反らしながら，腕を後ろから上へ，着地にむけて腕は前方へ。
B 空中を走るように両足を交差させる。

6　①ウ
　②b
　③c・e

**解説** ②距離はcm未満切り捨て。
③踏み切り線の先に体の一部が触れたり，跳躍なしで走り抜けたとき。踏み切り板の外で踏み切ったとき。着地で着地の跡より踏み切り線に近い砂場の外に触れたときは無効試技（失格）になる。

7　Aはさみ跳び
　B背面跳び

8　ウ

**解説** バー上面の一番低い所から地面までを垂直に計測する。



**得点アップUP**

⊙理想的な踏み切り

▶走り幅跳びは，かかとから踏み切り，足裏全体で踏み切る。

▶走り高跳びは，かかとから柔らかく踏み込む。

# 特集 4 図表でチェック

出題重要度 ☆☆☆

問題 図表を見て，[　]にあてはまる語句や数値を答えなさい。

## ❶ スポーツの学び方

| [①ベースボール]型 | [②ゴール]型 | [③ネット]型 |
|---|---|---|
| 野球<br>ソフトボールなど | サッカー<br>バスケットボール<br>ハンドボールなど | バレーボール<br>卓球（たっきゅう）<br>テニスなど |
| 規則的に[④攻守（こうしゅ）]を交替して一定の回数内で得点を競（きそ）う。 | ボールを使って相手コートに侵入（しんにゅう）し，シュートして[⑤一定時間内]での得点を競う。 | [⑥ネット]をはさんで競うので，コンビネーションプレイが大切。一定の得点を早く取る。 |

## ❷ 集団行動

□ 1　２列横隊（おうたい）から[⑦３列縦隊]への移動は，全員[⑧右向き]になり，前列２番目が[⑨右足]を右斜（なな）め前へ，後列２番目が[⑩左足]を左斜め後ろへさがる。

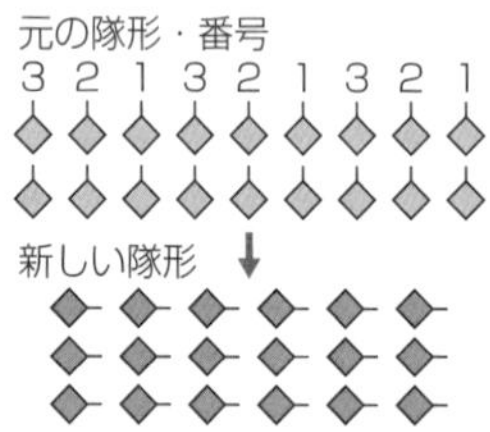


## ❸ 短距離走（きょりそう）・長距離走

□ 2　短距離走は[⑪クラウチング]スタートで，位置について→用意→ドン，長距離走は[⑫スタンディング]スタートで，位置について→ドンである。

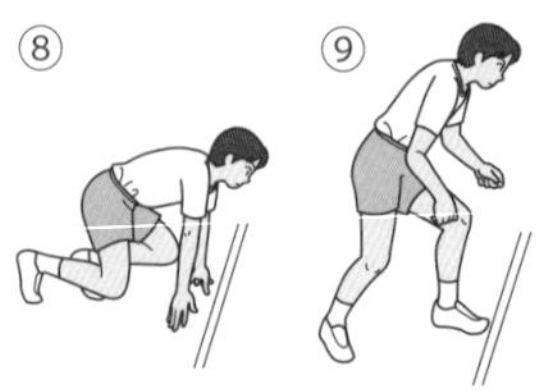


□ 3　短距離走の走り方は，スタート→[⑬加速疾走（しっそう）]→[⑭中間疾走]→フィニッシュである。

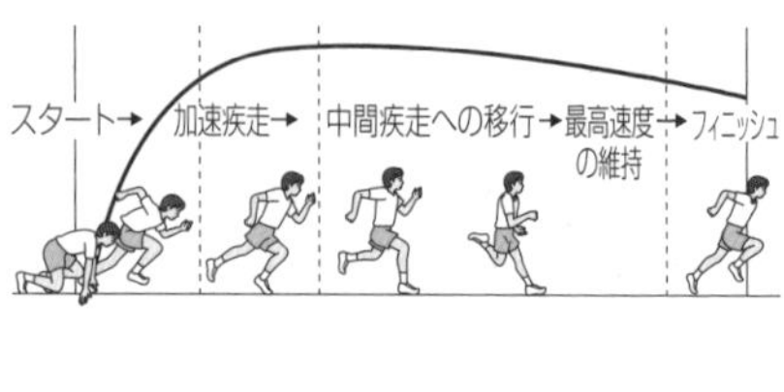

## ❹ リレー

□4 バトンパスは，前走者が（ダッシュ）[⑮マーク]を通過したら次走者はスタートし，30mの[⑯テークオーバーゾーン]内で完了させる。

□5 バトン[⑰全部]がラインに入ってから，ラインにかかる前までに受け渡しを完了させる。

□6 バトンパスの最中にバトンが落ちた場合に拾うのは，バトンが受け取る走者に触れた後であれば[⑱どちら]も可能である。

## ❺ ハードル走

□7 スタートから第1ハードルまでが[⑲アプローチ]，跳び越す一連の動きが[⑳ハードリング]，ハードル間が[㉑インターバル]である。

□8 ハードルから[㉒遠い]位置で踏み切り，膝から下を前に振り出す。[㉓低い]位置を走り越すように跳び越し，膝を水平に引き付けて着地。この踏み切り距離と着地距離の割合は[㉔3：2]が理想である。

□9 中学生の正式コースでのハードル間は，男子[㉕9.14]m，女子[㉖8.0]mである。

## ❻ 走り幅跳び・走り高跳び

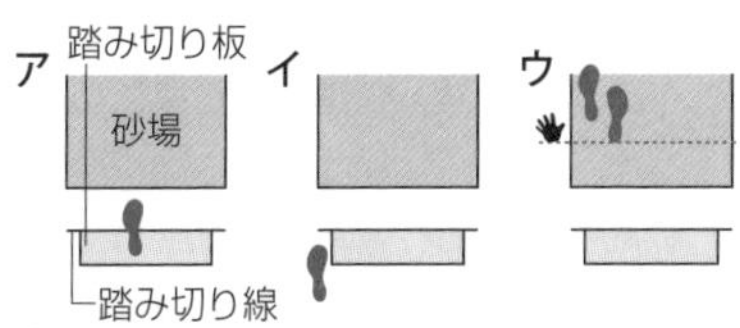


□10 無効試技は[㉗ア・イ]である。

□11 [㉘かかと]から踏み切り板に向かい，[㉙足裏]全体で踏み切る。

□12 はさみ跳びの助走方向は[㉚ア]，背面跳びの助走方向は[㉛イ]である。

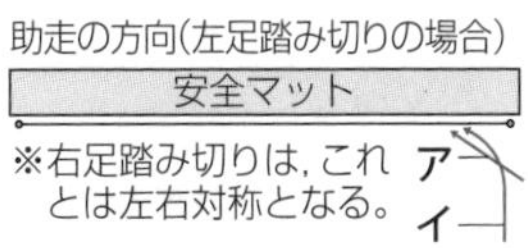


□13 踏み切りは，水平に伸ばした腕の[㉜指先]がバーに触れる位置で，跳躍時の[㉝頂点]とバーを合わせるのが理想。

# 28 器械運動

月　日

出題重要度 ☆☆☆

**問題** 次の各問いに答えなさい。

## ◉技の分類

□ 1　次の表の(　)にあてはまる語句を答えよ。

| | | |
|---|---|---|
| (①　　)系 | (③　　)技 | 前　転 |
| | | 後　転 |
| | ほん転技 | 倒立回転 |
| | | 倒立回転跳び |
| | | (④　　) |
| (②　　)系 | 平均立ち技 | 片足平均立ち |
| | | (⑤　　) |

## ◉技の種類

□ 2　倒立では，両手をどれくらい開くか。

□ 3　開脚前転では，両足をいつ開くか。

□ 4　次の図で，それぞれの技を何というか。

**解答**

1　①回　転
②巧　技
③接　転
④はねおき
⑤倒　立

**解説** それぞれ基本的な技として，前転→開脚前転，倒立→頭倒立，補助倒立など。

2　肩幅くらい

**解説** すこし前方を見る。

3　かかとがマットに着く直前

4　①開脚後転
②頭はねおき
③側方倒立回転
④跳び伸しつ前転

**解説** ③ 4分の1ひねりながら着手して側転する。
④ 伸しつとは，膝が伸びた姿勢のこと。

得点アップUP

**◉基本技**

▶頭はねおきは，額をつけて首に力を入れる。

▶側方倒立回転は，一直線上を移動するように。

問題 次の各問いに答えなさい。

## ◎跳び箱

□ 5　次の技の分類表の(　)にあてはまる語句を答えよ。

| | | |
|---|---|---|
| (①　　)系 | (①　　)跳び | 開脚跳び |
| (②　　)系 | (②　　)跳び | 頭はね跳び |

□ 6　次の図で，それぞれの技を何というか。

①

②

③

## ◎平均台

□ 7　前方歩・後方歩ともに，どこを伸ばすか。

□ 8　進む足のどこを伸ばすか。

□ 9　台のどこに触れながら進むか。

□ 10　側方歩(前交差)は，足をどこから交差させるか。

---

5　①切り返し

②回　転

解説 それぞれ発展技として，開脚跳び→開脚伸身跳び，かかえ込み跳び→屈伸跳びなど。

6　①斜め開脚跳び

②かかえ込み跳び

③頭はね跳び

解説 ① 肩がついた手の上にくる前に突き放す。

② 両ひざをしっかりかかえ込み，手を突きはなして上方へ跳ぶ。

③ 手・額の順につけ，腰が前に出たらはねる。

7　背　筋

8　つま先

9　側面(横)

解説 5mほど先を見る。

10　前

解説 出した足に体重移動しながら進む。

---

得点アップUP

⊙基本技

▶開脚跳び・かかえ込み跳びは，前方に着手する。

# 29 水　泳

出題重要度 ☆☆☆

問題 次の各問いに答えなさい。

◎4 泳法

□ 1　次の泳法を何というか。

① あおむけの姿勢で泳ぐ。

② カエル足のキックで泳ぐ。

③ 一般的(いっぱん)に自由形の種目とされる。

④ ③から派生し，ドルフィンキックで泳ぐ。

□ 2　できる限り体を一直線に，水平に伸(の)ばした姿勢を何というか。

□ 3　個人メドレーはどのような順に泳ぐか。

□ 4　メドレーリレーはどのような順に泳ぐか。

◎ルール

□ 5　次のターンやゴールの表について，(　)にあてはまる語句を答えよ。

| | |
|---|---|
| クロール | (①　　)でタッチする |
| 平泳ぎ・バタフライ | (②　　)同時にタッチする |
| 背泳ぎ | ターン…①でタッチする<br>ゴール…(③　　)の姿勢で，①でタッチする |

□ 6　両足を交互に動かすと違反(いはん)となる泳法は何か。

□ 7　両腕(うで)・両足の動作を左右同時・対称(たいしょう)に行う泳法は何か。

解答

1　①背泳ぎ
②平泳ぎ
③クロール
④バタフライ

2　ストリームライン
解説 水の抵抗(ていこう)を減らした流線型をイメージしている。

3　バタフライ→背泳ぎ→平泳ぎ→自由形

4　背泳ぎ→平泳ぎ→バタフライ→自由形
解説 前泳者が壁(かべ)にタッチしてからスタートする。

5　①体の一部
②両　手
③あおむけ
解説 ② 水面の上下どちらでも可。

6　バタフライ

7　平泳ぎ

得点アップUP

◎飛び込(こ)み（公式ルール）

▶飛び込みスタートをするのは，自由形・平泳ぎ・バタフライ・個人メドレー。

# 30 バスケットボール

出題重要度 ★☆☆



問題 次の各問いに答えなさい。

### ◎コート

□ 1　次のコートの図で，①～⑥の各名称(めいしょう)を答えよ。

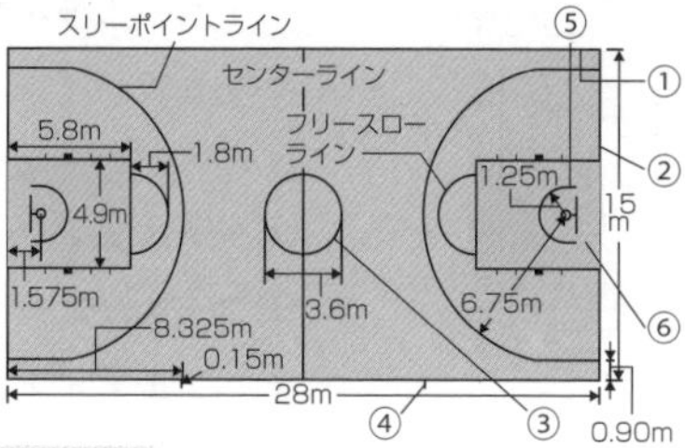


### ◎技　術

□ 2　次の図の①～③のプレイを何というか。

### ◎ルール

□ 3　ゲーム開始時に行われるのは何か。

□ 4　フリースローでの得点は何点か。

□ 5　ファウル以外の反則を何というか。

□ 6　ボールを受けてから３歩以上持ち運ぶ反則を何というか。

□ 7　ヘルドボールなど，どちらの違反(いはん)かはっきりしない場合のゲーム再開に行われるのは何か。

□ 8　７のルールを何というか。

**解答**

1　①サイドライン
②エンドライン
③センターサークル
④スローインライン
⑤ノーチャージセミサークル
⑥制限区域

解説 バスケットボールのチームは５人。敏捷性(びんしょうせい)，巧(こう)ち性などが高まる。

2　①ピボットターン
②チェストパス
③ランニングシュート

3　ジャンプボール

4　１点

5　バイオレーション

6　トラベリング

7　スローイン

8　オルタネイティングポゼションルール

得点アップ UP

◎ファウル

▶体の接触(せっしょく)による反則や，スポーツマンらしくない行為のこと。ホールディング，チャージング，イリーガルユースオブハンズなど。

# 31 サッカー

出題重要度 ☆☆☆

問題 次の各問いに答えなさい。

## ◉コート

□ 1 次のコートの図で，①～⑥の各名称を答えよ。

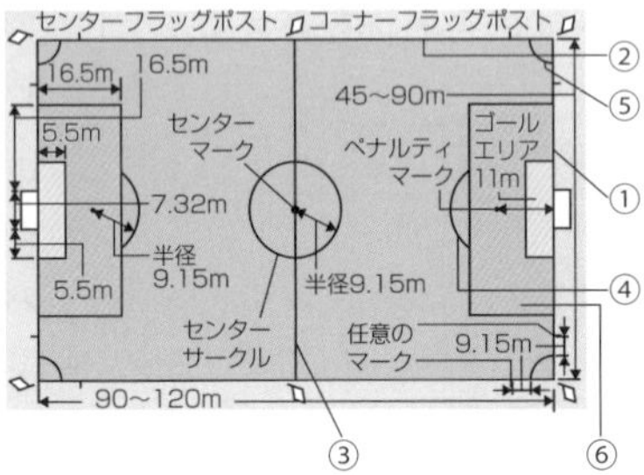


## ◉技　術

□ 2 足の内側でキックする蹴り方を何というか。

□ 3 足の甲でキックする蹴り方を何というか。

□ 4 親指の付け根付近ですくい上げるようにキックする蹴り方を何というか。

□ 5 飛んできたボールを処理することを何というか。

## ◉ルール

□ 6 ゲーム開始時にボールを動かすことを何というか。

□ 7 相手プレイヤーより先回りし，有利な攻撃をしようとするのを禁止するルールを何というか。

□ 8 攻撃側が最後にボールに触れ，ゴールラインを越えて外に出たときに行われるのは何か。

□ 9 防御側が最後に触れたボールが，ゴールラインを越えて外に出たときに行われるのは何か。

## 解答

1 ①ゴールライン
②タッチライン
③ハーフウェーライン
④ペナルティアーク
⑤コーナーアーク
⑥ペナルティエリア

2 インサイドキック

3 インステップキック

4 インフロントキック

5 トラッピング

解説 この技能を使ってボールを思うように動かすことをボールコントロールという。

6 キックオフ

解説 センターサークルで行う。

7 オフサイド

8 ゴールキック

9 コーナーキック

得点アップUP

◎直接フリーキックとなる反則

▶相手に対し，手や体で押す・押さえる，つまずかせる，蹴る，飛びかかる，不当にチャージするなど。

# 32 バレーボール

出題重要度 ☆☆☆

問題 次の各問いに答えなさい。

## ◎コート

□ 1　次のコートの図で，①〜④の各名称を答えよ。

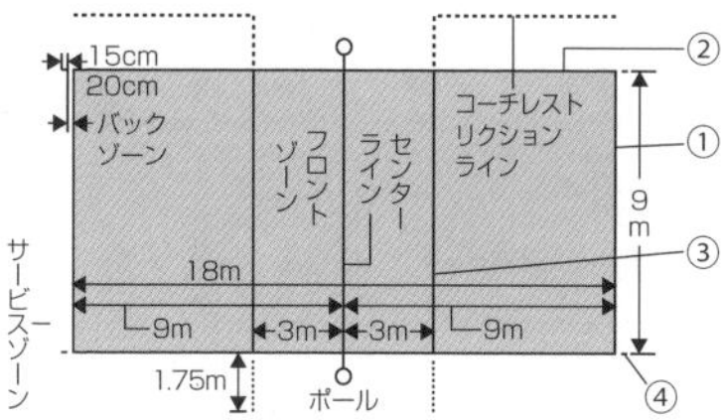


## ◎技　術

□ 2　次の図の①〜③のプレイを何というか。

□ 3　強打と見せかけながら，レシーバーのいないところに柔らかくボールを落とす攻撃を何というか。

□ 4　ネットの左右に高いトスを上げて攻撃する方法を何というか。

## ◎ルール

□ 5　守備専門のプレイヤーを何というか。

□ 6　サービス権をもつチームが，時計回りに1つずつポジションを移動することを何というか。

□ 7　チームで4回以上ボールに触れる反則を何というか。

### 解答

1　①エンドライン
②サイドライン
③アタックライン
④サービスライン

解説 ③から，センターラインまでがフロントゾーン。

2　①アンダーハンドパス
②ブロック
③フローターサービス

3　フェイント

4　オープン攻撃

5　リベロ（プレイヤー）

解説 2人まで登録できる。

6　ローテーション

7　フォアヒット

得点アップ UP

⊙すべての反則は相手チームのポイントに

▶ペネトレーションフォールトは，オーバーネットや，パッシング・ザ・センターラインのこと。

特集 5

# 図表でチェック

月　日

出題重要度 ★★☆

問題 図表を見て，[　]にあてはまる語句や数値を答えなさい。

## ❶ マット運動

[① 倒立前転]

[② 側方倒立回転跳び1/4ひねり]（ロンダード）

[③ 前方倒立回転跳び]

## ❷ 跳び箱・平均台

[④ 水平開脚伸身跳び]

[⑥ 前方倒立回転跳び]

□ 1　[④水平開脚伸身跳び（かいきゃくしんしん）]は，前方に着手後，足を[⑤水平]以上に振り上げる。[⑥前方倒立（とうりつ）回転跳び]は，前方に着手し，[⑦腰]を伸ばして突き放し，高く跳ぶ。

□ 2　[⑧ 片足水平バランス]

[⑨ 開脚跳び]
（片足踏み切り）

[⑩ 体波動]

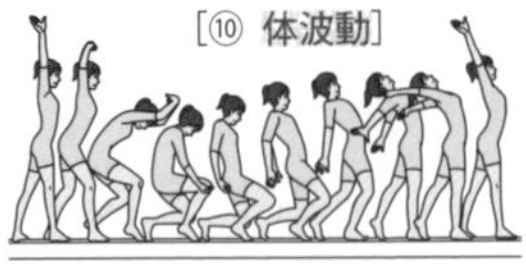

## ❸ 水　泳

□ 3　[⑪ 平泳ぎ]

[⑫ クロール]

[⑬ バタフライ]

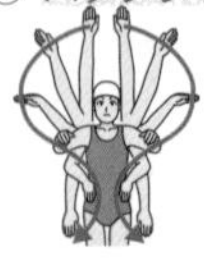

[⑭ 背泳ぎ]

□ 4　1かき1蹴（け）りする動作中に，頭の一部を水面に出さなければならないのは[⑮平泳ぎ]である。

## ❹ バスケットボール

□ 5 空中でボールを受けた後，片足ずつ着地するのが［⑯ストライドストップ］。最初に着地した足は床から離してはいけない。もう一方を軸足にすると［⑰トラベリング］となる。

□ 6 味方にパスしてゴール下に走り，パスをもらってシュートする攻撃法が［⑱カットインプレイ］である。

□ 7 攻撃側が防御側に対して壁をつくって攻めるのが［⑲スクリーンプレイ］である。

□ 8 ラインを含む制限区域では［⑳3秒ルール］が適用される。

## ❺ サッカー

□ 9 ［㉑スローイン］は，両足を地面につけ，両手は均等にして投げ入れる。投げ終わるまで両足は地面から離さない。相手側は［㉒2］m以上離れる。

□10 ボールがゴールインとなるのは，右図の［㉓ア・オ］である。

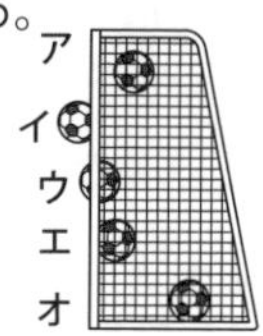


□11 相手側に不当な行いをしたときには［㉔直接フリーキック］となる。

□12 自陣のゴールエリア周りで不当な行いをしたときには［㉕ペナルティキック］となる。

## ❻ バレーボール

□13 基本は，［㉖レシーブ・トス・スパイク］の3打で返す三段攻撃。

□14 ［㉗セッター］がアタッカーに打たせるパスを［㉘トス］といい，勢いを弱めた回転のないボールを上げる。速く短いトスを，ブロックされる前に打ち込むのが［㉙クイック攻撃］である。

□15 ［㉚ ネットへの接触］（タッチネット）

［㉛ キャッチ・ボール］

［㉜ ダブルコンタクト］

［㉝ ボールアウト］

月　日

# 33 柔道

出題重要度 ☆☆☆

問題 次の各問いに答えなさい。

## ◎動作・技術

□ 1 次の基本姿勢について，(　)にあてはまる語句を答えよ。

・(①　　)：(②　　)…右足を一足長前に出す。
　　　　　　(③　　)…左足を一足長前に出す。

・(④　　)：足を開き両ひざを曲げた防御姿勢。

□ 2 片方の足を踏み出したあと，もう一方の足をすり足で継ぎたす歩き方を何というか。

□ 3 足を交互に踏み出す歩き方を何というか。

□ 4 投げ技に入る前に，相手を不安定な姿勢にすることを何というか。

□ 5 技をかけやすいように自分の体を移動させることを何というか。

□ 6 次の図の①～③の技を何というか。

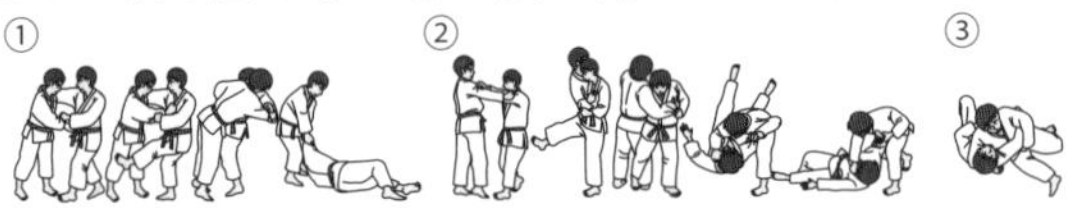


## ◎ルール

□ 7 相手が「まいった」と言ったときの判定は何か。

□ 8 「抑え込み」から10秒間相手を抑え込んだときの判定は何か。

□ 9 投げ技で「一本」に必要な４基準のうち，１つでも部分的に不足したときの判定は何か。

## 解答

1 ①自然(本)体
②右自然体
③左自然体
④自護体

解説 右自護体，左自護体がある。

2 継ぎ足

3 歩み足

解説 移動は，両足で畳をするように歩く。

4 崩し

解説 8方向ある。

5 体さばき

6 ①膝車
②大外刈り
③本けさ(袈裟)固め

解説 膝車・大外刈りは足技，本けさ固めは固め技(抑えこみ技)である。

7 一本

8 技あり

9 技あり

---

得点アップUP

◎「指　導」

▶軽い反則行為は「指導」になる。１回目と２回目は相手のポイントにならないが，３回目には「一本」(反則負け)が相手に与えられる。

月　日

# 34 剣　道

出題重要度 ★★☆

**問題** 次の各問いに答えなさい。

### ◎動作・技術

□ 1　次の竹刀の図で，①～⑤の各名称を答えよ。

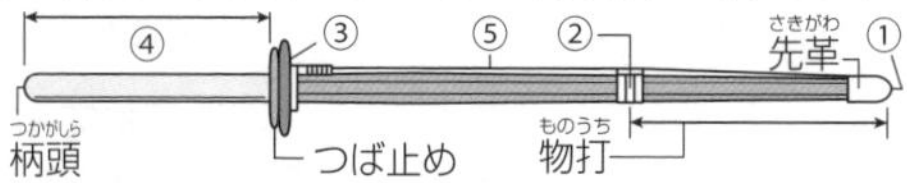


□ 2　竹刀で打ったり突いたりすることを何というか。

□ 3　2 のあとでも攻撃に応じられる心構えを何というか。

□ 4　自分と相手との距離を何というか。

□ 5　移動する方の足を動かし，もう一方の足を引き付ける移動方法を何というか。

□ 6　次の図の①～③の技を何というか。

### ◎ルール

□ 7　個人試合の場合，何本勝負で何本先取した方が勝ちとなるか。

□ 8　相手や自分の竹刀の刃部を握った場合の罰則は何か。

□ 9　次のうち，有効打突と認められないのはどれか。

ア　試合終了の合図と同時の有効打突。

イ　相打ちの場合。

ウ　倒れた直後の有効打突。

## 解答

1　①剣先
②中結
③つば
④柄
⑤弦

2　打突

3　残心

4　間合い

**解説** 一歩一振りで打てる距離を「一足一刀の間合い」という。

5　送り足

**解説** 移動はすり足。

6　①小手打ち（小手）
②面打ち（面）
③胴打ち（胴）

7　3本勝負で2本先取した方

8　1回ごとに反則とし，2回で相手に一本が与えられる

9　イ

---

**得点アップ UP**

◎「気・剣・体」

▶勢いのある発声「気」，竹刀で正しく打つ「剣」，背筋をまっすぐにした姿勢の「体」と，残心のある打突が一本と認められる。

# 35 新体力テスト

出題重要度 ☆☆☆

問題 次の各問いに答えなさい。

## ◎項目・測定方法

□ 1　**握力**(あくりょく)について，

① 握力計は，人さし指の第２関節が何度になるように握(にぎ)るか。

② 計測はどちらの手から行うか。

③ 計測値では，kg未満の数値をどうするか。

□ 2　**20mシャトルラン「往復持久走」**について，

① 何の合図で走り出すか。

② 音に遅(おく)れた場合，続けて何回ラインに達しないと終了になるか。

③ テスト終了時の何の回数が記録になるか。

□ 3　**反復横跳(と)び**について，

① 中央の線をまたぎ，「始め」でどちらの線へサイドステップをするか。

② 動作を何秒間行うか。

□ 4　**上体起こし**について，

① 両膝(ひざ)は何度に曲げるか。

② 「始め」で，両肘(ひじ)が体のどこにつくまで上体を起こすか。

③ 動作を何秒間行うか。

### 解答

1　①90 度
②右 手
③切り捨てる

解説 ② 指針を外側に向け，交互に２回ずつ計測。左右それぞれよい方の記録で平均値をとる。

2　①電子音
②２ 回
③折り返し総回数

解説 持久走との選択(せんたく)。

3　①右
②20秒間

解説 ① 線は越(こ)すか触(ふ)れるかする。
② ２回行い，よい方の記録を選ぶ。

4　①90 度
②大腿部
③30秒間

解説 ③ 背中はマットにつける。

得点アップ UP

◎記録の単位

▶20mシャトルラン，上体起こしは回数。

▶反復横跳びの記録は，線を通過ごとに１点。

**問題** 次の各問いに答えなさい。

□ 5 **ハンドボール投げ**について，

① 投球を行うサークルは直径何mか。

② 投球中，投球後にラインは踏んでもよいか。

③ 投球は何回行うか。

□ 6 **50m走**について，

① スタートは何で行うか。

② 記録は，10分の１秒未満をどう処理するか。

□ 7 **長座体前屈**について，

① 初期姿勢は，背筋を伸ばし，体のどこを壁につけるか。

② 両肘はどれくらいの広さに開くか。

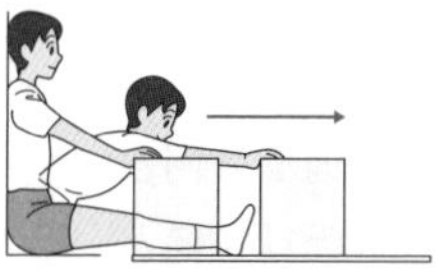

□ 8 **立ち幅跳び**について，

① 立つときは，つま先を，踏み切り線のどこに合わせるか。

② 計測は，砂場の最も踏み切り線に近い位置からどこまでか。

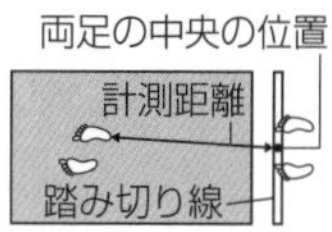


**◉体力との関係**

□ 9 反復横跳びではかれる能力は何か。

□10 立ち幅跳びではかれる能力は何か。

□11 20mシャトルラン「往復持久走」ではかれる能力は何か。

□12 長座体前屈ではかれる能力は何か。

---

5 ①2 m

②踏んではいけない

③2 回

**解説** 投球ホームは自由。m未満は切り捨て。

6 ①クラウチングスタート

②切り上げる

7 ①背と尻

②肩幅

**解説** 手のひらは，厚紙の手前端にかける。２回行い，cm未満は切り捨てる。

8 ①前端

②踏み切り線前端の跳ぶ前の両足の中央

**解説** ２回行い，cm未満は切り捨てる。

9 敏しょう性

10 瞬発力(パワー)

11 全身持久力

12 柔軟性

---

**得点アップ UP**

◎測定方法

▶長座体前屈は，箱の移動距離をはかる。

▶立ち幅跳びは，両足同時に踏み切る。

# 36 ダンス

出題重要度 ☆☆☆

問題 次の各問いに答えなさい。

## ◎創作ダンス

□ 1 次の表現方法で，(　)にあてはまる語句を答えよ。

- (①　　)…２人で非対称の動きをする。
- (②　　)…複数の人で同時に同じ動きをする。
- (③　　)…複数の人で同じ動きをずらして行う。

## ◎フォークダンス

□ 2 炭坑労働者が石炭を掘る動作に由来する踊りを何というか。

□ 3 鳴子を持って跳びはねる踊りを何というか。

□ 4 紅花の付いた花笠を持つ踊りを何というか。

□ 5 フォークダンスで，円周上を反時計回りに進むことを何というか。

□ 6 次のフォークダンスの隊形図で，①～③の各名称を答えよ。

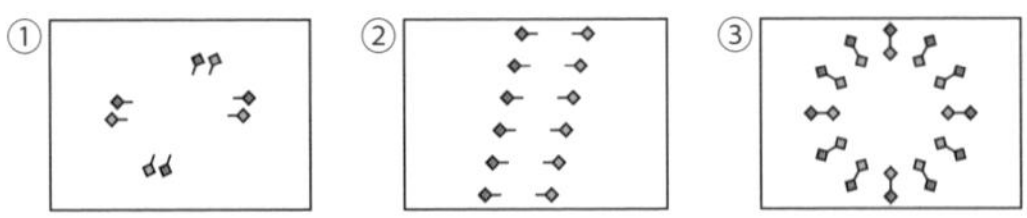


□ 7 右の図のポジションを何というか。

## ◎現代的なリズムのダンス

□ 8 リズムにのって踊る現代的なダンスを答えよ。

## 解答

1 ①アシンメトリー
②ユニゾン
③カノン

解説 大げさにしたり，ゆっくりや反対に動くなど工夫すると表現しやすい。

2 炭坑節

解説 福岡県の民謡。

3 よさこい(節)鳴子踊り

解説 高知県の民謡。

4 花笠音頭

解説 山形県の民謡。

5 LOD

6 ①方　形
②対　列
③ダブルサークル

7 クローズドポジション

8 ヒップホップ，ロックダンス，ブレイクダンスなど

---

得点アップ UP

◎世界のフォークダンス

▶みんなでいっしょに同じリズムやステップで踊って楽しむもので，民族舞踊といわれる。日本では民謡と呼ばれる。

月　日

# 37 運動と体や心のはたらき

出題重要度 ☆☆☆

問題 次の各問いに答えなさい。

### ◎運動やスポーツの効果

□1 活動するのに必要な体の能力を何というか。

□2 1にはどんなものがあるか。

### ◎運動やスポーツと社会性

□3 勝敗のあるスポーツでの，一定の競争条件を何というか。

### ◎運動やスポーツの安全な行い方

□4 運動やスポーツを安全に行うために，運動の目的や何を理解するか。

□5 発達段階に応じた強度・頻度(ひんど)のほか，何を考えた練習計画を立てるか。

□6 運動の前には何を行うか。

□7 運動のあとには何を行うか。

□8 適度な休息や何の補給(ほきゅう)を行うか。

□9 運動のあと，施設(しせつ)・用具の何を行うか。

### ◎スポーツの文化的意義

□10 フランス人クーベルタンが始めたオリンピックの基本的な理念を何というか。

□11 10の中に人種，国籍(こくせき)などの違(ちが)いを越(こ)えて，フェアプレイの精神をもって何理解をするとあるか。

## 解答

1 体力

2 健康に生活するための体力，運動をするための体力

3 ルール

解説 ルールは公平や安全，平等を保障(ほしょう)して行うためのもの，マナーはお互いに気持ち良く，より楽しく行うためのもの。

4 特性

5 時間

6 準備運動

7 整理運動

8 水分

9 点検

解説 体調の確認をし，自然環境(かんきょう)（気象条件）にも注意する。

10 オリンピズム

11 相互

解説 国際親善を深めることも大きな役割である。

得点アップ UP

◎運動やスポーツの効果

▶体力の維持(いじ)・向上，生活習慣病の予防，自信の獲得(かくとく)や意欲(いよく)の向上，感情をコントロールする力など，体だけでなく心にもよい影響(えいきょう)を及(およ)ぼす。

月　日

# 特集 6 図表でチェック

出題重要度 ☆☆☆

問題 図表を見て，[　]にあてはまる語句や数値を答えなさい。

## ❶ 柔道

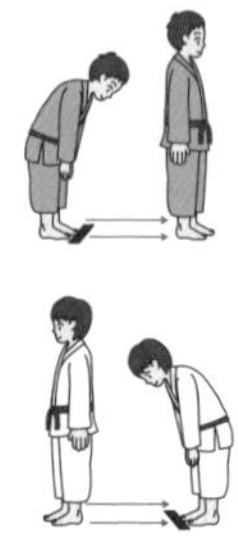

□ 1　試合は開始線で「礼」をして，[①左足]から前へ。[②自然本体]で待ち，主審の「始め」で試合開始。[③待て]→「始め」，[④そのまま]→「よし」の間は時間を進めない。「一本」または[⑤それまで]で試合終了となり，自然本体となって元の位置に[⑥右足]から後ろに下がり，「礼」をする。

□ 2　投げ技や固め技で[⑦一本]をとった方が勝ち，「技あり」が[⑧2]回でも「一本」である。

□ 3　どちらかの体の一部が場内ならば試合続行。両者の「全身」が出たときは[⑨場外]で[⑩待て]，組み合っていないのに片方が外に出たときは「場外」で[⑪指導]である。

## ❷ 剣道

□ 4　試合は[⑫立礼]の後，開始線へ進み，[⑬蹲踞]の姿勢で竹刀を合わせる。主審の「始め」で開始，[⑭やめ]で中止し，⑬して竹刀を納め，元の位置まで後退し礼をして退場となる。

□ 5　座るときは左足から，立つときは右足から行うのが[⑮左座右起]である。

□ 6　竹刀の先を相手の[⑯喉]の高さに向けるのが[⑰中段の構え]である。

左右面

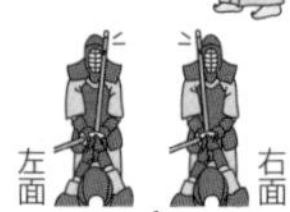


□ 7　左右面打ちは，斜め[⑱45]度の角度から面を打つ。

小手打ち

□ 8　小手打ちは，右足を踏み込み，相手の[⑲右小手]を打つ。

### ❸ ダンス

□ 9

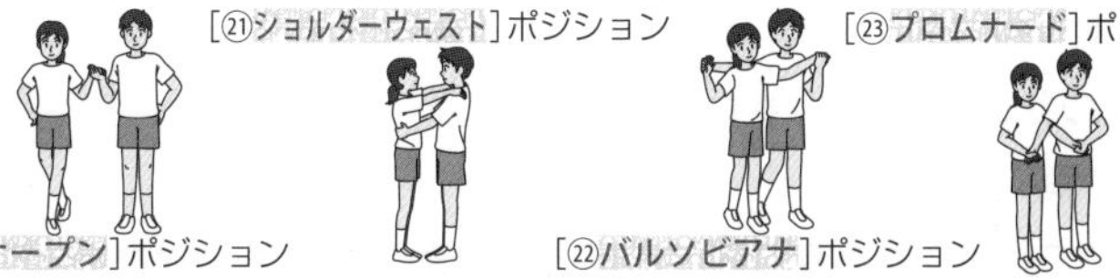

[㉑ショルダーウェスト]ポジション　[㉓プロムナード]ポジション

[⑳オープン]ポジション　[㉒バルソビアナ]ポジション

### ❹ 新体力テスト

□10

| 項　目 | 体　力 | 注　意 |
|---|---|---|
| 握力 | [㉔筋力] | 同じ人が続けて行わない。 |
| 20mシャトルラン「往復持久走」 | 全身持久力 | 測定前後にウォーミングアップ，クーリングダウンを行う。 |
| 反復横跳び | [㉕敏しょう性] | 同じ人が続けて行わない。 |
| 上体起こし | 筋力・筋持久力 | 背中がマットにつくようにする。 |
| ハンドボール投げ | 巧ち性・瞬発力 | 円を越したり，踏んだりしない。 |
| 50m走 | スピード | スパイクやスターティングブロックは使わない。 |
| 長座体前屈 | [㉖柔軟性] | 前屈するときに膝を曲げない。 |
| 立ち幅跳び | [㉗瞬発力] | 二重踏み切りにならないようにする。 |

□11 持久走は，男子[㉘1500]m，女子[㉙1000]mで，スタンディングスタートで行う。

□12 反復横跳びのライン間は，それぞれ[㉚1]mである。

### ❺ 運動と体や心のはたらき

□13

| | | | |
|---|---|---|---|
| 脳神経 | 巧みな動きをする能力 | 平衡性<br>敏しょう性 | [㉛小学生期] |
| 呼吸器<br>循環器 | 動きを持続する能力 | 持久力 | [㉜中学生期] |
| 筋　肉<br>骨 | 力強い動きをする能力 | 筋　力<br>瞬発力 | [㉝高校生以降] |

月　日

# 1 浜辺(はまべ)の歌

出題重要度 ☆☆☆

問題 次の各問いに答えなさい。

## ◎基礎知識

□ 1 「浜辺の歌」の作詞者の氏名を何というか。

□ 2 「浜辺の歌」の作曲者の氏名を何というか。

□ 3 この曲は何調の曲か。

## ◎楽 曲

**次の楽譜(がくふ)は，「浜辺の歌」の一部分です。この楽譜を見て，以下の問いに答えなさい。**

□ 4 この曲の拍子(ひょうし)を答えよ。

□ 5 ①の記号を何というか。

□ 6 ②の記号を何というか。

□ 7 ②の記号の正しい意味を次の中から選べ。

ア 半音上げる

イ 半音下げる

□ 8 ③の音符(おんぷ)を何というか。

□ 9 歌詞にある「あした浜辺を……」の「あした」の意味は何か。

## 解答

1 林古渓(はやしこけい)

2 成田為三(なりたためぞう)

3 ヘ長調

解説 ヘ長調とは，始まりの音(主音)をヘ音とし，主音から「ドレミファソラシド」と音が並ぶ(長調)音階のことである。

解説 林古渓は神奈川県の辻堂海岸をイメージして詩をつくったといわれている。

4 8分の6拍子

解説 8分音符を1拍(ぱく)に数えて，1小節内に6拍あることを表す拍子のことである。

5 ト音記号

解説 ト音の位置を示す記号。

6 フラット(変(へん))

7 イ

8 8分音符

9 朝

---

得点アップ UP

**⊙ヘ長調**

▶調の名前は主音の音名で決まる。

# 2 赤とんぼ

出題重要度 ☆☆☆



問題 次の各問いに答えなさい。

## ◎基礎知識

□ 1 「赤とんぼ」の作詞者の氏名を何というか。

□ 2 歌詞の中にある「負われて見たのはいつの日か」の「負われて」とは何という意味か。

□ 3 「赤とんぼ」の作曲者の氏名を何というか。

## ◎楽　曲

次の楽譜は，「赤とんぼ」の一部です。この楽譜を見て，以下の問いに答えなさい。

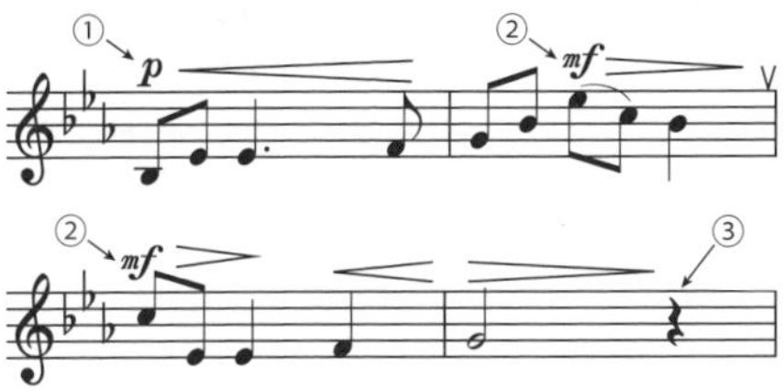


□ 4 ①の記号を何というか。

□ 5 ①の記号は音をどう変化させるときに記してあるか。

□ 6 ②の記号を何というか。

□ 7 ③の休符の長さは，♩の長さの割合を１とした場合，どれくらいになるか。

## 解答

1 三木露風

解説 北原白秋と並んで活躍した詩人。叙情的な作風で童謡も多く残した。詩集「夏姫」「廃園」など。

2 背負われて

3 山田耕筰

解説 ドイツで音楽理論などを学び，交響曲やオペラを多数創作した。

4 ピアノ

5 弱く

解説 「だんだん弱く」を表す時に用いる記号は，＞ *decrescend*（デクレシェンド）※*decresc.* は *decresendo*の略。

6 メッゾフォルテ

解説 「少し強く」という意味である。

7 1

解説 長さの割合は，４分音符＝４分休符＝１

得点アップUP

◎音の強弱を表す記号

| | | | | | | | | | | |
|---|---|---|---|---|---|---|---|---|---|---|
| *pp* | → | *p* | → | *mp* | → | *mf* | → | *f* | → | *ff* |
| とても弱く | → | 弱く | → | 少し弱く | → | 少し強く | → | 強く | → | とても強く |

# 3 夏の思い出

出題重要度 ☆☆☆

問題 次の各問いに答えなさい。

## ◉基礎知識

□ 1 「夏の思い出」は昭和(しょうわ)24年，NHK歌謡(かよう)のためにだれが作曲したか。

□ 2 「夏の思い出」の作詞者の氏名を何というか。

□ 3 歌詞にある尾瀬(おぜ)は尾瀬ヶ原のことで，群馬(ぐんま)県，新潟(にいがた)県とあと１つ何県にまたがる湿原(しつげん)か。

## ◉楽　曲

次の楽譜(がくふ)は，「夏の思い出」の一部分です。この楽譜を見て，以下の問いに答えなさい。

□ 4 ①の記号の意味は何か。

□ 5 ②はある音符(おんぷ)を３等分した音符であるが，その「ある音符」とは何か。

□ 6 この曲は何調の曲か。

□ 7 「音符(または休符(きゅうふ))をほどよく延(の)ばす」という意味の右の図アの記号は何か。

## 解答

1 中田喜直(なかだよしなお)

解説 東京都生まれ。合唱曲など多数作曲している。代表作は，「めだかのがっこう」「早春賦(そうしゅんふ)」など。

2 江間章子(えましょうこ)

解説 新潟県生まれ。深尾(ふかお)須磨子(すまこ)に詩を学ぶ。代表作は，詩集「イラク紀行」歌曲「花の街(まち)」など。

3 福島県(ふくしまけん)

解説 「夏の思い出」は，言葉の抑揚(よくよう)と曲の旋律(せんりつ)の動きが合うように作曲されている。

4 だんだん強く

5 ４分音符

解説 ②は３連符(れんぷ)という音符で，ここでは♩(４分音符)を３等分している。

6 ニ長調

解説 主音は音名ニ(レ)。

7 フェルマータ

---

得点アップUP

◎音の強弱の変化を表す記号

＜ だんだん強く　crescendo / cresc. (クレシェンド)

＞ だんだん弱く　decrescendo / decresc. (デクレシェンド)

# 4 荒城(こうじょう)の月

出題重要度 ☆☆☆

問題 次の各問いに答えなさい。

## ◉基礎知識

□ 1　次の歌詞は,「荒城の月」の一部分である。(　)にあてはまる語句を入れよ。
春高楼(はるこうろう)の(①　　)／めぐる盃影(さかずきかげ)さして／千代(ちよ)の松が枝(え)わけ出(い)でし／(②　　)の光今いずこ

## ◉楽　曲

次の2つの楽譜(がくふ)は,「荒城の月」の原曲と，原曲を補作編曲したものです。これらの楽譜を見て，以下の問いに答えなさい。

B

□ 2　Aの作曲者の氏名を何というか。

□ 3　Bの補作編曲者の氏名を何というか。

□ 4　①の記号を何というか。

□ 5　①の記号の意味は何か。

□ 6　②の記号を何というか。

□ 7　②の記号の意味は何か。

## 解答

1　①花の宴(えん)
②昔

解説 ①「花見の宴会」という意味である。
②「千代の松が枝」とは，古い松の枝(えだ)を意味する。「荒城」は会津若松(あいづわかまつ)の鶴ヶ城(つるがじょう)，宮城県仙台(みやぎけんせんだい)の青葉城(あおばじょう)などがモデルとなっている。
山田耕筰(やまだこうさく)が補作編曲した「荒城の月」は原曲より半音低い音であり，また速度や小節数が異なる。

2　滝廉太郎(たきれんたろう)

解説 作詞者は土井晩翠(どいばんすい)。宮城県に生まれる。作風は力強く，翻訳も手がけた。

3　山田耕筰

4　アンダンテ

5　ゆっくり歩くような速さで

6　シャープ(嬰(えい))

7　半音上げる

---

得点アップUP

◉速度を表す用語

Adagio(アダージョ)…「緩(ゆる)やかに」　Allegro(アレグロ)…「速く」
Moderato(モデラート)…「中ぐらいの速さで」

# 5 花

月　日

出題重要度 ☆☆☆

問題 次の各問いに答えなさい。

## ◉基礎知識

□ 1 「花」の作詞者の氏名を何というか。

□ 2 「花」の作曲者の氏名を何というか。

□ 3 次の歌詞は,「花」の一部分である。下線部の語句の意味はそれぞれ何か。

① 春の<u>うらら</u>の隅田川(すみだがわ)

② ながめを何に<u>たとうべき</u>

③ 見ずや<u>あけぼの</u>露浴(つゆあ)びて

## ◉楽　曲

次の楽譜(がくふ)は,「花」の一部分です。この楽譜を見て,以下の問いに答えなさい。

□ 4 この曲の拍子(ひょうし)を答えよ。

□ 5 ①の記号を何というか。

□ 6 ①の休符の長さは,♩の長さの割合を1とした場合,どれくらいになるか。

□ 7 この曲の形式は何か。

## 解答

1 武島羽衣(たけしまはごろも)

2 滝廉太郎(たきれんたろう)

解説 「荒城(こうじょう)の月」で知られる。

3 ①空が晴れて日が明るく照っているさま(柔(やわ)らかい日ざしを受けている)

②たとえたらよいのだろうか

③夜明け(明けがた)

解説 歌詞にある「春のうららの隅田川…」の隅田川とは,東京(とうきょう)都にある川。歌詞の内容を理解して,情景を思い浮かべてみよう。

4 4分の2拍子

5 16分休符(きゅうふ)

6 4分の1

7 2部形式

解説 a-a′-b-a″の構成。

得点アップ UP

◉「花」の歌詞の意味

▶見ずや…見てごらん　▶錦(にしき)おりなす…美しい織物のように見える

▶げに…本当に　▶一刻(いっこく)も千金(せんきん)の…ひとときさえもとても価値のある

# 6 花の街

出題重要度 ☆☆☆

問題 次の各問いに答えなさい。

## ◎基礎知識

□ 1 「花の街」の作詞者の氏名を何というか。

□ 2 「花の街」の作詞者の作品(詞)の中で，歌い出しが「夏がくれば……」の曲の名前は何か。

□ 3 「花の街」の１番から３番に共通している歌詞は何か。

## ◎楽　曲

**次の楽譜は，「花の街」の一部分です。この楽譜を見て，以下の問いに答えなさい。**

□ 4 ①の記号を何というか。

□ 5 ②の記号を何というか。

□ 6 ②の休符の長さは，♩の長さの割合を１とした場合，どれくらいになるか。

□ 7 ③のように，一時的に音符の左側に付けられる記号を何というか。

□ 8 この曲は何調の曲か。

## 解答

1 江間章子

2 夏の思い出

解説 江間章子は詩集「イラク紀行」,「春への招待」などでも知られている。

3 輪になって輪になって

解説 戦争を終えたばかりの日本が，いつか平和な美しい花の街になるようにという思いを描いている。

4 *crescendo*(クレシェンド)

解説 *cresc.*は*crescendo*の略。

5 ８分休符

解説 この曲は，各フレーズが８分休符で始まる。

6 ２分の１

7 臨時記号

8 ヘ長調

解説 調号に注目する。

---

得点アップ UP

◎音符の長さの割合

▶ 𝅗𝅥(２分音符)＝２　▶ ♩.(付点４分音符)＝１と２分の１

▶ ♩(４分音符)＝１　▶ ♪(８分音符)＝２分の１

# 7 早春賦

出題重要度 ☆☆☆

月　日

問題 次の各問いに答えなさい。

## ◎基礎知識

□ 1 「早春賦」の作詞者の氏名を何というか。

□ 2 「早春賦」の作曲者の氏名を何というか。

□ 3 「早春賦」の作曲者の子に，「夏の思い出」の作曲者がいる。「夏の思い出」の作曲者の氏名を何というか。

## ◎楽　曲

**次の楽譜は，「早春賦」の一部分です。この楽譜を見て，以下の問いに答えなさい。**

□ 4 ①の音符を何というか。

□ 5 ②の記号を何というか。

□ 6 ②の記号の意味は何か。

□ 7 ③の記号を何というか。

□ 8 歌詞にある「時にあらずと」の意味は何か。

□ 9 この曲で待ちわびている季節はいつか。

## 解答

1 吉丸一昌

2 中田章

3 中田喜直

解説 「夏の思い出」については，144ページを参照。

解説 新芽が出，氷が解けてもいまだ雪の空で，「春よ早く来い」と待ちわびる気持ちが歌われている。

4 8分音符

5 リタルダンド

解説 *rit.*は*ritardando*の略。

6 だんだん遅く

7 タイ

解説 隣り合った同じ高さの2音をつなげて，1つの音にすることを表す。

8 まだその時ではないと

9 春

得点アップ UP

◎有名な日本の歌の作詞者・作曲者名

▶翼をください…作詞者：山上路夫，作曲者：村井邦彦

▶上を向いて歩こう…作詞者：永六輔，作曲者：中村八大

# 8　春

出題重要度 ☆☆☆

問題　次の各問いに答えなさい。

◎基礎知識

□ 1　「春」の作曲者はだれか。

□ 2　「春」の作曲者が生まれた国はどこか。

□ 3　「春」の作曲者が活躍した時代を何というか。

□ 4　この作曲者は後に「何の父」とよばれるようになったか。

□ 5　独奏楽器と合奏のための器楽曲を何というか。

□ 6　「春」で独奏している擦弦楽器の中で最も小さく，高い音を出す右の楽器は何か。

□ 7　「春」で通奏低音を受け持っている右の鍵盤楽器は何か。

□ 8　「春」を含む，「和声と創意の試み」第１集の総称を何というか。

□ 9　「春」は「春がやって来た」「小鳥は楽しい歌で，春を歓迎する」などの14行からなる短い詩をもとにつくられ，自然の様子を音で表している。この詩を何というか。

解答

1　A.ヴィヴァルディ

2　イタリア
解説　ベネチア生まれ。

3　バロック時代

4　協奏曲（の父）

5　協奏曲（コンチェルト）

6　ヴァイオリン
解説　時代によって弓の形などが異なる。

7　チェンバロ（ハープシコード）
解説　通奏低音とは，楽譜に書かれた低音部の旋律に，和音を付けて伴奏する方法。

8　四季
解説　「春」のほかに，「夏」「秋」「冬」が含まれる。

9　ソネット

得点アップ UP

◎「春」で採用されている「リトルネッロ形式」

▶全合奏Tutti（トゥッティ）の部分と独奏ヴァイオリンSolo（ソロ）の部分が交互に現れる形式。全合奏→独奏→全合奏→独奏→…

# 9 魔王

月　日

出題重要度 ☆☆☆

問題 次の各問いに答えなさい。

◎基礎知識

□1 「魔王」の作曲者はだれか。
□2 「魔王」の作曲者が生まれた国はどこか。
□3 「魔王」は作曲者が何歳の時の作品か。
□4 「魔王」の作曲者は，31歳で亡くなるまでに，600曲以上にのぼるドイツ語の歌曲をつくった。この歌曲を何というか。
□5 「魔王」はある文学者の詩に曲を付けたものである。このある文学者とはだれか。
□6 5の文学者が生まれた国はどこか。

◎楽　曲

□7 「魔王」は4人の対話で構成されていて，その声の音域や強弱，伴奏のリズムの変化などで詩の内容や物語の場面の様子を表現している。始めは優しい声で「ぼうやおいでよ」と話しかけ，次第に本性を現すのはだれか。
□8 おびえた声でこわがっているのはだれか。
□9 8に安心させるような歌い方をしているのはだれか。
□10 最初と最後で場面の説明をしているのはだれか。
□11 どんな楽器が伴奏をしているか。

解答

1 F.P.シューベルト（フランツ ペーター）
2 オーストリア
解説 ウィーン郊外に生まれた。
3 18歳
4 リート
5 J.W.v.ゲーテ（ヨハン ヴォルフガング フォン）
6 ドイツ
解説 フランクフルトに生まれた。ほかにも多くの作曲家が曲をつけている。
7 魔王
8 子
9 父
10 語り手（語り）
解説 語り手の最後のところで楽譜にある，*accel.*（アッチェレランド）はだんだん速くという指示である。
11 ピアノ
解説 各登場人物の表現方法に注目し，曲想の変化を感じ取ろう。

得点アップUP

◎別の作曲者の手による「魔王」

▶魔王の詩に曲を付けた作曲者はほかにもいる。そのうちの一人がヨハン・ライヒャルトである。機会があれば聞き比べてみよう。

# 10 小フーガ ト短調

出題重要度 ☆☆☆

問題 次の各問いに答えなさい。

## ◎基礎知識

□ 1 「小フーガ ト短調」の作曲者はだれか。

□ 2 「小フーガ ト短調」の作曲者が生まれた国はどこか。

□ 3 この曲を同じト短調の「幻想曲とフーガ」と区別するために用いる呼び方は何か。

□ 4 「小フーガ ト短調」を演奏するのに用いられる右の鍵盤楽器は何か。

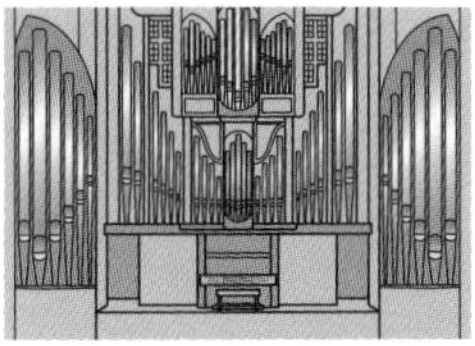

□ 5 4 の楽器には，パイプを選択して音色を変化させることができる装置が付いている。この装置を何というか。

## ◎楽　曲

□ 6 「小フーガ ト短調」の「フーガ」とは初めに示された旋律を追いかけるように他の声部が加わっていき，からみ合いながら発展していく形式のことである。この初めの旋律を何というか。

□ 7 6 に対して加わってくる旋律を何というか。

□ 8 「小フーガ ト短調」は４つの声部で構成されている。いちばん高いところを何というか。

□ 9 いちばん低いところを何というか。

## 解答

1 J. S. バッハ

2 ドイツ

解説 アイゼナハに生まれ，バロック時代に活躍。音楽一家の家系に育った。

3 小フーガ

4 パイプオルガン

解説 手鍵盤や足鍵盤を押すと，特定のパイプに空気が送り込まれて音が出る楽器。

5 ストップ

6 主　題

解説 第１部…主題と応答の繰り返し。第２部…主題がいろいろな調で現れる。第３部…主題が原調で現れる。

7 応　答

8 ソプラノ

9 バ　ス

解説 「フーガ」は，「逃げる」という意味のイタリア語。

得点アップ UP

◎バロック時代の作曲家

▶A.ヴィヴァルディ…「四季」，「グローリア」

▶G.F.ヘンデル…オラトリオ「メサイア」，管弦楽組曲「水上の音楽」

月　日

# 11 交響曲第５番 ハ短調

出題重要度 ☆☆☆

問題 次の各問いに答えなさい。

◎基礎知識

□ 1 「交響曲第５番 ハ短調」の作曲者はだれか。

□ 2 この作曲者が生まれた国はどこか。

□ 3 この作曲者が生まれたのは何世紀か。

□ 4 「交響曲第５番 ハ短調」には，作曲者が第１楽章の冒頭の音型について「このように運命は扉をたたく」と語ったとされることから，日本で親しまれている呼び名がある。その呼び名は何か。

◎楽　曲

□ 5 「交響曲第５番 ハ短調」を構成する部分で第１主題と第２主題が現れる部分を何というか。

□ 6 主題を変化させたり，組み合わせたりして展開していく部分を何というか。

□ 7 再び第１主題が現れ，第２主題が現れる部分を何というか。

□ 8 5のような形式を何というか。

□ 9 「交響曲第５番 ハ短調」の楽章の中で5の形式で構成されているのは，第１楽章のほかには何があるか。

□10 第１楽章では冒頭の最も小さな音楽のまとまりが繰り返されるが，このような旋律のもととなるまとまりのことを何というか。

解答

1 L.v.ベートーヴェン（ルートヴィヒ ヴァン）

2 ドイツ

解説 ボンに生まれた。

3 18世紀

解説 1770年生まれ。

4 運　命

解説 1803年から約５年をかけて作曲された。

5 提　示

6 展　開

7 再　現

解説 コーダは終結部という。（ない場合もある。）

8 ソナタ形式

解説 交響曲とはオーケストラによって演奏され，多楽章から構成される大規模な器楽曲のこと。多くはソナタ形式を含む。

9 第４楽章

10 動　機

得点アップUP

◎オーケストラ（管弦楽）の主な楽器

▶木管楽器…フルート，クラリネット　▶金管楽器…トランペット，ホルン

▶弦楽器…ヴァイオリン，チェロ，コントラバス　▶打楽器…ティンパニー など

# 12 ブルタバ(モルダウ)

出題重要度 ☆☆☆

問題 次の各問いに答えなさい。

## ◎基礎知識

□ 1 「ブルタバ(モルダウ)」の作曲者はだれか。

□ 2 この作曲者は現代では右の地図の①の国に当たる地方で生まれた。①の国名は何か。

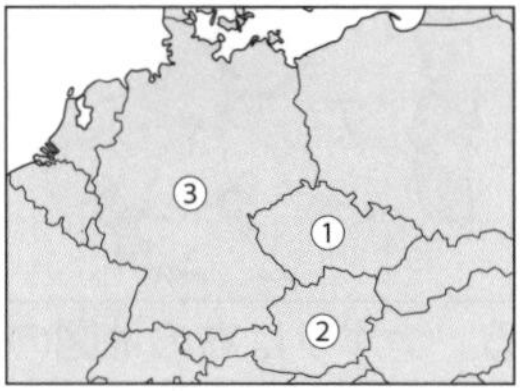


□ 3 当時①の国は独立した国家ではなく，現在の②の国の支配下にあった。②の国名は何か。

□ 4 「モルダウ」とは③の国の言語で「ブルタバ」を指す。③の国名は何か。

## ◎楽　曲

□ 5 ブルタバはある連作交響詩の中の２曲目であるが何という連作交響詩か。

□ 6 交響詩とは物語や情景などを何によって表現する音楽か。

□ 7 「ブルタバ」の旋律の各部分には，ブルタバ川の流れに沿った情景や人々の生活の様子を表した標題が付けられている。次の各標題を演奏している主な楽器はそれぞれ何か。

① 森の狩猟

② ブルタバの主題

## 解答

1 B.スメタナ

2 チェコ

解説 ボヘミア地方に生まれた。

3 オーストリア

解説 当時のチェコはオーストリア帝国の圧政を受けていた。

4 ドイツ

解説 オーストリアではドイツ語が使われている。

5 我が祖国

6 オーケストラ

解説 「我が祖国」は全６曲から構成され，ブルタバ川とその周囲の景色や人々を描いている。

7 ①ホルン
②(第１)ヴァイオリン

解説 ヴァイオリンのほかには，オーボエも可。

得点アップUP

◎国民楽派

▶主にロマン派時代に，民族主義的な音楽をつくった作曲家たちを指して用いられる。J.シベリウス：交響詩「フィンランディア」など。

# 13 帰れソレントへ(Torna a Surriento)

月　日

出題重要度 ☆☆☆

問題 次の各問いに答えなさい。

## ◉基礎知識

□ 1　ソレントは右の地図のア〜ウのうちどれか。

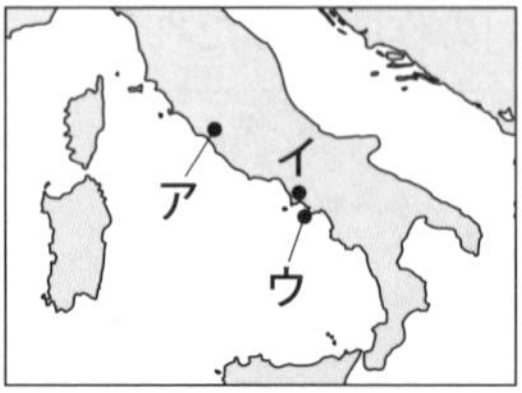


□ 2　「帰れソレントへ」の歌詞は，ナポリの言葉で書かれている。ナポリは右の地図のア〜ウのうちどれか。

## ◉楽　曲

□ 3　「帰れソレントへ」は何度も速度が変化する。例えば冒頭はModeratoで，この記号の意味は何というか。

□ 4　3がつけられていても途中でrit.が表示されているとだんだん遅(おそ)くなる。しかし，ある記号の表示で元の速さにもどる。どんな記号か。

□ 5　「帰れソレントへ」は，同じ音を主音とする長調と短調が用いられているが，このような関係の調を何というか。

□ 6　「帰れソレントへ」の主音は何か。音名で答えよ。

□ 7　「帰れソレントへ」の冒頭(ぼうとう)は何調か。

□ 8　「帰れソレントへ」のように，曲の途中(とちゅう)で調が変化することを何というか。

## 解答

1　ウ

2　イ

解説 ソレントはナポリ湾(わん)の南端(なんたん)の町。イタリアは地方によって方言があるが，発音は日本語のローマ字のつづりに近いものが多い。

3　中ぐらいの速さで

解説 「モデラート」と読む。

4　*a tempo*(ア・テンポ)

解説 最初の速さで，という*Tempo* Ⅰ(テンポプリモ)もある。

5　同主調

6　ハ

7　ハ短調

8　転　調

解説 この曲はハ短調とハ長調の間を共通和音を経過して行き来する。

---

得点アップ UP

◎「帰れソレントへ」の強弱の変化

▶この曲は速度だけでなく強弱も何度か変化する。*p*→*mp*→*mf*→*f* とだんだん強くなっていく過程を鑑賞(かんしょう)しよう。

# 14 アイーダ

出題重要度 ☆☆☆



問題 次の各問いに答えなさい。

## ◉基礎知識

□ 1 「アイーダ」の作曲者はだれか。

□ 2 「アイーダ」の作曲者が生まれた国はどこか。

□ 3 アイーダはどこの国の王女か。

□ 4 歌を中心にして，音楽で物語を進めていく舞台芸術を何というか。

□ 5 4は音楽のほかにも，演劇（演出），舞踊，文学（台本），美術（衣装）などのさまざまな要素がかかわる。このため4は何と呼ばれているか。

□ 6 4の代表的な作曲家で，「トスカ」「トゥーランドット」「ラ・ボエーム」などの作品をつくったのはだれか。

## ◉楽　曲

□ 7 登場人物はそれぞれの役柄にふさわしい声で，演じている。王女アイーダはどのパートか。

□ 8 将軍ラダメスはどのパートか。

□ 9 アイーダの父，アモナスロはどのパートか。

□ 10 第２幕，第２場の楽譜の上ある，Allegro maestoro はどういう意味か。

□ 11 第２幕，第２場の「凱旋（の）行進曲」で凱旋を告げる旋律を演奏している金管楽器は何か。

### 解答

1 G.ヴェルディ

2 イタリア

解説 パルマ県のレ・ロンコーレに生まれた。

3 エチオピア

4 オペラ（歌劇）

5 総合芸術

6 G.プッチーニ

解説 ワーグナー「ローエングリン」，ビゼー「カルメン」なども有名。

7 ソプラノ

8 テノール

9 バリトン

10 速く，荘厳に

11 トランペット

解説 （ファンファーレ「アイーダ」）エジプト軍の勝利と凱旋が描かれ，王にささげる喜びの歌が歌われる。

得点アップ UP

⊙オーケストラピット

▶劇場によっては，舞台と客席の間にオーケストラ用の演奏場所が設けられている場合があり，これをオーケストラピットという。

月　日

# 15 箏曲「六段の調」

出題重要度 ☆☆☆

問題 次の各問いに答えなさい。

## ◉基礎知識

□ 1　「六段の調」の作曲者と伝えられているのはだれか。

□ 2　「六段の調」の作曲者は箏曲の最も基本的な調弦を確立したといわれているが，この調弦は何か。

□ 3　１曲がいくつかの段（部分）から構成された歌の入らない器楽曲を何というか。

□ 4　箏が雅楽の楽器として中国大陸から伝えられたのは何時代か。

## ◉楽　曲

□ 5　「六段の調」は６つの段からできているが，それぞれの段は初段を除いてすべて同じ拍数になっている。初段以外は何拍になっているか。

□ 6　「六段の調」は緩やかな速度で始まり，段が進むにつれて徐々に速度が増し，最後は再び緩やかになって終わる。このような速度の変化を日本の伝統芸能の概念では何というか。

□ 7　「六段の調」の初段では，左手で弦をつまんで右の図のAの方に引き，音高をわずかに下げる奏法がある。この奏法を何というか。

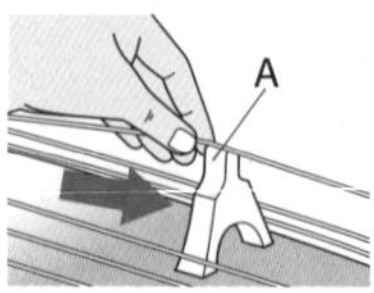


□ 8　右の図のAを何というか。

## 解答

1　（伝）八橋検校

解説 25歳ころに検校（目の不自由な音楽家などでつくられた組織の最高位）になった。

2　平調子

3　段物（調べ物）

4　奈良時代

解説 その後改良されながら，日本独自の発展を遂げた。

5　104拍

6　序破急

解説 もとは雅楽の用語で，こうした概念は音楽だけでなく，日本の伝統芸能に共通する。

7　引き色

8　柱

解説 柱はそれぞれの弦ごとに１つずつ立てられ，調弦に用いられる。

得点アップUP

◎箏について

▶箏は普通，桐でできており，各部は竜の体に例えて「竜頭」「竜角」「竜尾」などという。また楽譜は縦書き，横書きなどさまざまなものがある。

# 16 雅楽「越天楽」

出題重要度 ☆☆☆



問題 次の各問いに答えなさい。

## ◎基礎知識

□ 1　雅楽は５～９世紀にどこから伝わったか。

□ 2　舞を伴わずに楽器だけで演奏されることを何というか。

□ 3　日本に古くからあった儀式用の歌と舞と，もう１つ日本で新たにつくられた声楽曲(歌い物)はいつごろつくられたか。

□ 4　舞楽には，左舞と右舞という分け方があるが，朝鮮半島を起源とする高麗楽の楽曲が用いられる舞楽はどちらか。

□ 5　舞楽において，左舞が中国を起源とする唐楽の楽曲を用いる際に着る装束の色は，何色の系統か。

## ◎楽　曲

□ 6　次の図を見て，以下の問いに答えよ。

A

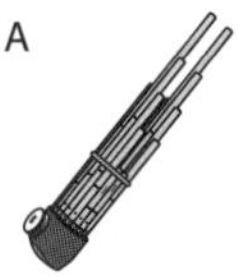

B

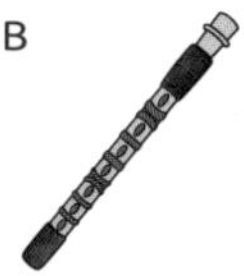

C

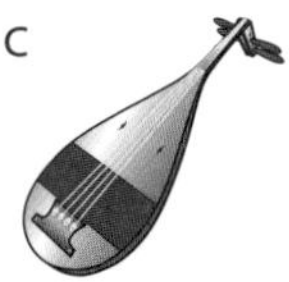

① A～Cの楽器は何か。

② 雅楽の楽器を吹きもの，弾きもの，打ちものと区別する場合，Aの楽器は何に当てはまるか。

## 解答

1　アジア諸国

2　管絃

3　平安

解説 現在伝承されている雅楽は10世紀ごろに今の形式に整えられた。

4　右舞

5　赤(色系統)

解説 右舞では，緑色系統の装束を着用する。

6　①A 笙
B 篳篥
C (楽)琵琶
②吹きもの

解説 ①A．和音を演奏する。B．主旋律を演奏する。C．拍を弾く。
② 吹きもの…笙，篳篥，竜笛，弾きもの…楽箏，(楽)琵琶，打ちもの…鉦鼓，鞨鼓，釣太鼓(楽太鼓)。

得点アップUP

**◎雅楽の分類**

▶日本に古くからあった儀式用の歌と舞…神楽歌，東遊

▶日本でつくられた新しい歌い物…催馬楽，朗詠

月　日

# 17 歌舞伎「勧進帳」

出題重要度 ☆☆☆

問題 次の各問いに答えなさい。

## ◎基礎知識

□ 1　歌舞伎の元となった出雲の阿国(お国)の「かぶき踊(歌舞伎踊り)」が興行されたのは何時代か。

□ 2　「勧進帳」で用いられる音楽に長唄があるが，この長唄における唄の担当を何というか。

□ 3　長唄で用いられる右の楽器は何か。

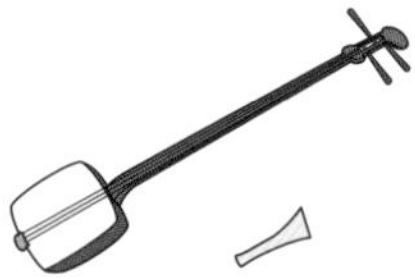

□ 4　歌舞伎の舞台で，物語の見せ場が多く演じられる通路を何というか。

## ◎楽　曲

□ 5　次の歌詞は，「勧進帳」の一部分である。この歌詞を見て，以下の問いに答えよ。

霞ぞ春はゆかしける　浪路はるかに行く船の，海津の浦に着きにけり

① 歌詞にある「海津」は右の地図のア～エのうちどれか。

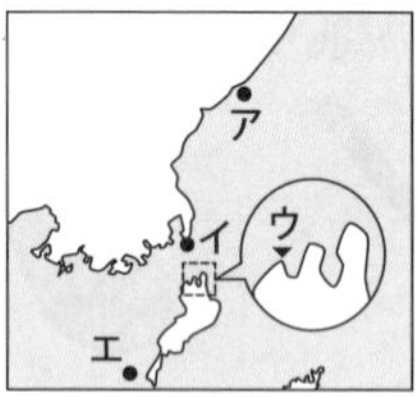


② 「勧進帳」で義経は弁慶とともに，富樫が警護をする関所に到着した。この関所は上の地図のア～エのうちどれか。

③ 弁慶が富樫に披露した舞を何というか。

## 解答

1　江戸時代

解説 歌舞伎は音楽，舞踊，演技が一体となった総合芸術である。

2　唄方

3　(細棹)三味線

解説 長唄での三味線の担当を三味線方という。ほかに鳴物を担当する囃子方がある。

4　花道

解説 そのほかに，廻り舞台(芝居の場面転換をする際の仕掛け)などがある。

5　①ウ

②ア

③延年の舞

解説 アは安宅の関所(石川県小松市)，イは敦賀市(福井県)，ウは海津(滋賀県高島市)，エは京都市。「勧進帳」は義経一行が京都から平泉(岩手県)へ逃げる際の物語。

---

得点アップ UP

◎歌舞伎の世界

▶見得…重要な場面で役者が一瞬静止して取るポーズ。力を込め目を寄せる。

▶隈取…特殊な化粧法で，役を強調するために紅や墨などで顔を彩る。

# 18 能「羽衣」

出題重要度 ☆☆☆



問題 次の各問いに答えなさい。

## ◎基礎知識

□ 1 室町時代初期に，能を基本的な形に整えたのはだれか。親子２人の名前を答えよ。

□ 2 能の主人公をシテというが，「羽衣」のシテはだれか。

□ 3 多くは能と交互に演じられる，格調高い笑いを含んだセリフ劇を何というか。

## ◎楽　曲

□ 4 声楽によって進行する能は，優美な曲，激しい曲などで表現方法が工夫されている。この声楽の部分を何というか。

□ 5 4では旋律のついてるものをフシといい，旋律のついていないものは何というか。

□ 6 「間」を大切にする能で「間」を支えている４種の楽器で演奏される，器楽の部分を何というか。

□ 7 器楽の部分で用いられる，右の楽器は何か。

□ 8 能は，シテと相手役であるワキの対話で物語が進行するが，それを助ける役割で，情景やシテの心理などを描写する人々を何というか。

## 解答

1 観阿弥，世阿弥

2 天人

解説 ワキは漁師。

3 狂言

解説 能では神や武将がシテとなることもあるが，狂言では庶民が主人公になる場合が多い。

4 謡

解説 七五調の「平ノリ」が基本のリズムで，そのほか「大ノリ」，「中ノリ」がある。

5 コトバ

6 囃子

解説 囃子は登場人物の登退場や，舞の伴奏などに用いられる。

7 笛（能管）

解説 小鼓，大鼓（おおかわ），太鼓も用いられる。

8 地謡

解説 能が演じられる能舞台では，地謡は地謡座に座る。

---

得点アップUP

◎能の面

▶能の面は小尉，小面，中将，般若，獅子口などがあり，少し上を向くと喜びの表情，下を向くと悲しみの表情が表れるようになっている。

# 19 日本の郷土芸能

出題重要度 ☆☆☆

問題 次の民謡や芸能について各問いに答えなさい。また，関連する都道府県を下の地図のア～オのうちから選びなさい。

◉日本の民謡と芸能

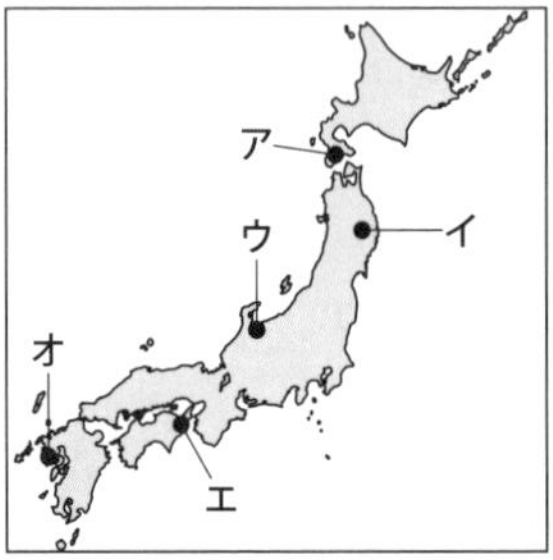


□ 1　三味線，太鼓などによるお囃子にのせて「連」と呼ばれる集団が練り歩く，日本を代表する盆踊りを何というか。

□ 2　ニシン漁で歌われていた「沖揚げ音頭」という仕事歌をもとにした，拍節的リズムの民謡を何というか。

□ 3　長さ七寸五分の２本の細竹を指で回転させて打って演奏する，「マドノサンサモデデレコデン」の歌詞で知られる民謡を何というか。

□ 4　旧暦９月９日に諏訪神社で行われ，「龍踊（じゃおどり）」などの異国情緒あふれる出し物が奉納される祭りを何というか。

□ 5　山伏神楽という種類の神楽の１つで，早池峰山で修行をする山伏たちにより演じられたのが始まりとされる芸能を何というか。

解答

1　阿波踊り，エ

解説 徳島県各地で踊られてきた盆踊り。

2　ソーラン節，ア

解説 北海道日本海沿岸の仕事歌。拍節的リズムとは，はっきりとした拍をもつリズムのこと。

3　こきりこ節，ウ

解説 富山県南砺市五箇山周辺に伝わる踊り歌。

4　長崎くんち，オ

解説 長崎県長崎市の諏訪神社で行われる祭り。「くんち」は旧暦９月９日をさす。

5　早池峰神楽，イ

解説 岩手県花巻市周辺に伝わる神楽。神楽とは，神社や民家で神に対して奉納する芸能。

得点アップ UP

◎民謡の分類

▶民謡はそれぞれの土地のくらしの中ではぐくまれ多種多様であるが，次のように分類できる（いくらか同時に当てはまるものもある）。仕事歌，子守歌，踊り歌，祝い歌，祭りなどの行事の際に歌うもの，娯楽のための歌

# 20 音楽と著作権

出題重要度 ★★☆

問題 次の各問いに答えなさい。

## ◎基礎知識

□ 1　人間によって考え出される知的な創作物を保護する権利を何というか。

□ 2　1の中で，音楽や小説などの著作者がもつ権利を著作権と呼ぶが，発明を保護する権利を何というか。

□ 3　著作権が保護される期間は，著作者の生存期間とその死後何年か。

□ 4　著作権の保護期間が過ぎた曲でも，演奏家や録音物の制作者に対する権利が有効な場合は，利用の許可を得る必要がある。このような権利を何というか。

□ 5　著作権の行使は，オリジナルの作品を編曲するなどして創作し直した著作物に対しても有効となる。このような著作物を何というか。

## ◎著作権の具体例

□ 6　次の場合，一般的に，著作者に利用の許可を得る必要があるか。「ある」か「ない」で答えよ。

① 音楽の教科書のコピーを，学校の授業で生徒らに資料として配布する。

② アマチュアバンド活動をしている友人の曲を，インターネット上で配信する。

### 解答

1　知的財産権

解説 知的所有権ともいう。保護される内容は，無断でコピーされない権利，無断で公衆に広められない権利がある。

2　特許権

3　70年

4　著作隣接権

解説 例えばインターネット上で著作権の保護期間を過ぎた曲を配信したい場合，演奏家やCD制作者の保護期間を確かめ，許可を得る必要がある。

5　二次的著作物

6　①ない

②ある

解説 ①学校など教育機関におけるコピーについては，許可を得る必要ない。
②プロでもアマチュアでも関係なく著作権は発生するので，この場合は友人の許可が必要である。

得点アップUP

◎著作権が保護される理由

▶著作物は多大な努力によって生み出されるため，制作者に適正な報酬を支払い，創造のサイクルを循環させる必要がある。

月　日

# 21 日本の音楽史

出題重要度 ☆☆☆

**問題** 次の各問いに答えなさい。

## ◎古代～室町（むろまち）時代

□ 1　日本で古くから伝わる芸能の1つに，雅楽（ががく）がある。そのうち，古墳（こふん）時代から奈良（なら）時代にかけてアジア諸国から伝来し，舞（まい）を伴（ともな）わずに楽器だけで演奏される形態を何というか。

□ 2　1で用いられる右の楽器は何か。

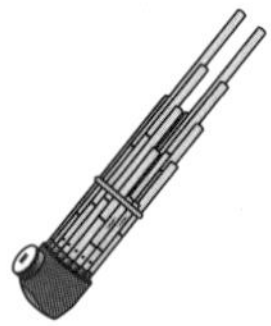

□ 3　室町時代に観阿弥（かんあみ），世阿弥（ぜあみ）を保護した将軍の氏名を何というか。

□ 4　能（のう）において，情景やシテの心理などを描写（びょうしゃ）する人々を何というか。

## ◎江戸（えど）時代

□ 5　箏曲（そうきょく）「六段（ろくだん）の調（しらべ）」は緩（ゆる）やかな速度で始まり，段が進むにつれて徐々（じょじょ）に速度が増し，最後は再び緩やかになって終わる。このような速度の変化を何というか。

□ 6　江戸時代に発展した文楽（ぶんらく）において，通常太夫（たゆう）1人と三味線（しゃみせん）1人で演奏される音楽を何というか。

□ 7　長唄（ながうた）「勧進帳（かんじんちょう）」の作曲者の氏名を何というか。

□ 8　尺八（しゃくはち）曲を整理し，琴古（きんこ）流尺八の基礎（きそ）をつくった人物の氏名を何というか。

**解答**

1　管絃（かんげん）
**解説** 舞の伴うものを舞楽（ぶがく）という。

2　笙（しょう）
**解説** 和音を演奏する役割である。

3　足利義満（あしかがよしみつ）

4　地謡（じうたい）
**解説** シテ（主人公）とワキ（相手役）の対話を助ける。

5　序破急（じょはきゅう）
**解説** 雅楽の用語で，日本の伝統芸能に共通する概念（がいねん）。

6　義太夫節（ぎだゆうぶし）
**解説** 竹本義太夫（たけもとぎだゆう）が始めた。

7　四世杵屋六三郎（きねやろくさぶろう）

8　黒沢琴古（くろさわきんこ）

**得点アップ UP**

◎文楽（人形浄瑠璃（じょうるり））

▶江戸時代に発展した伝統的な人形劇。太夫・三味線・人形の3つの役割で「三業（さんぎょう）」といい，この三業で1つの芸術をつくりあげ，上演される。

**問題** 次の各問いに答えなさい。

## ◎明治時代～現代

□ 9 西洋音楽の様式を日本で最も早い時期に用いた作曲家で，「花」や「荒城の月」を作曲したのはだれか。

9 滝廉太郎
**解説** 1879年生まれ。

□10 ドイツで音楽理論を学び，オペラや交響曲を作曲した，オペラ「あやめ」で知られる作曲家の氏名を何というか。

10 山田耕筰
**解説** 1886年生まれ。「赤とんぼ」でも有名。

□11 「夏の思い出」の作曲者中田喜直の父で，「早春賦」を作曲したのはだれか。

11 中田章
**解説** 1886年生まれ。

□12 箏と尺八の二重奏で演奏される「春の海」を作曲した，箏の演奏家の氏名を何というか。

12 宮城道雄
**解説** 1894年生まれ。西洋音楽の手法を取り入れ新しい箏曲を発表した。

□13 「花の街」やオペラ「夕鶴」の作曲で知られ，随筆家としても活躍した作曲家の氏名を何というか。

13 團伊玖磨
**解説** 1924年生まれ。

□14 日本音楽の伝統的な奏法を生かしつつ，西洋楽器の特徴も取り入れ，ニューヨークでも演奏された「ノヴェンバー・ステップス」を作曲したのはだれか。

14 武満徹
**解説** 1930年生まれ。この曲は国際的にも高い評価を得た。

□15 2002年からウィーン国立歌劇場音楽監督を務めたことのある日本人指揮者はだれか。

15 小澤征爾
**解説** 1935年生まれ。

□16 日本の伝統にポピュラー音楽を取り入れた試みで知られる，吉田良一郎，吉田健一の吉田兄弟が演奏している楽器を何というか。

16 津軽三味線
**解説** 「津軽じょんがら節」などがある。

---

**得点アップUP**

**◎現代の音楽家**

▶現代では，作曲，演奏ともに国際的に高い評価を受ける日本の音楽家が増えた。例えば，ピアニストの辻井伸行はヴァン・クライバーン国際ピアノ・コンクールで優勝したことで知られる。

月　日

# 22 西洋の音楽史

出題重要度 ☆☆☆

問題 次の各問いに答えなさい。

◎バロック時代以前

□ 1 単旋律，拍節的でないリズムが特徴で，のちに第２声部が付け加えられる，中世のローマ教皇の名にちなんだ聖歌を何というか。

□ 2 芸術を保護し，楽譜印刷の発明や宮廷音楽の発展が起こった，「再生」という意味の時代は何か。

◎バロック～古典派時代

□ 3 「四季」「グローリア」などの作品で有名な，「協奏曲の父」と呼ばれる作曲家はだれか。

□ 4 バッハの楽曲に多くみられる，初めに示された主題を追いかけるように他の声部が次々と加わっていき発展していく形式を何というか。

□ 5 交響曲第５番ハ短調「運命」，交響曲第６番ヘ長調「田園」などで有名な作曲家はだれか。

□ 6 交響曲第５番ハ短調「運命」の第１楽章と第４楽章でみられる，提示部，展開部，再現部（場合によっては序奏とコーダも含む）で構成される楽曲の形式を何というか。

□ 7 「レクイエム」，オペラ「魔笛」，オペラ「フィガロの結婚」などで有名な作曲家はだれか。

解答

1 グレゴリオ聖歌
解説 ネウマ譜という楽譜を用いて記された。

2 ルネサンス
解説 15～16世紀ごろ。

3 A・ヴィヴァルディ
解説 協奏曲（コンチェルト）とは，独奏楽器と合奏のための器楽曲のこと。

4 フーガ
解説 加わってくる旋律を応答と呼ぶ。

5 L.v.ベートーヴェン

6 ソナタ形式

7 W.A.モーツァルト
解説 ピアノソナタ イ長調「トルコ行進曲付き」でも知られる。

得点アップUP

◎バロック時代と古典派時代の主なできごと

▶バロック時代にはオペラや通奏低音の誕生，旋律と伴奏という形の確立，独奏楽器と合奏からなる協奏曲の発展などが起こった。

▶古典派時代には交響曲の誕生，ピアノの発達などが起こった。

問題 次の各問いに答えなさい。

◉ロマン派時代

□ 8 「魔王」「野ばら」などの歌曲で有名な作曲家はだれか。

8 F.P.シューベルト

□ 9 バレエ音楽「白鳥の湖」，交響曲第６番ロ短調「悲愴」などで有名な作曲家はだれか。

9 P.I.チャイコフスキー

□10 「千一夜物語（アラビアン・ナイト）」を題材にリムスキー・コルサコフによって作曲された，４つの楽章から構成される交響組曲を何というか。

10 シェエラザード

解説 リムスキー・コルサコフはロシア国民楽派（五人組）の一人。

□11 交響曲第９番「新世界より」や弦楽四重奏曲ヘ長調「アメリカ」で有名な作曲家はだれか。

11 A.ドボルザーク

解説 チェコの作曲家。

□12 ピアノ曲のノクターン 第２番変ホ長調，エチュード（練習曲） ハ短調作品10－12「革命」などで有名な作曲家はだれか。

12 F.ショパン

解説 ポーランド生まれ。

◉現 代

□13 管弦楽曲「牧神の午後への前奏曲」などで知られる，印象派と呼ばれる作曲家はだれか。

13 C.A.ドビュッシー

解説 フランス生まれ。

□14 スペインで発祥した舞曲のリズムにのせて２つの主題を繰り返す，モリス・ラヴェルによって作曲されたバレエ音楽を何というか。

14 ボレロ

解説 主題は展開することなく延々と繰り返される。

□15 スペインの地名が曲名に含まれている，ホアキン・ロドリーゴによって作曲されたギターを独奏楽器とした協奏曲を何というか。

15 アランフェス協奏曲

解説 アランフェスはマドリード近郊の都市。スペイン王室の離宮がある。

得点アップ UP

◉ロマン派時代・現代の作曲家

▶ストラヴィンスキー（1882～1971年）…バレエ音楽「ペトルーシュカ」

▶ガーシュイン（1898～1937年）…「ラプソディ・イン・ブルー」

# 特集　図表でチェック

出題重要度 ☆☆☆

問題 図を見て，[　]にあてはまる語句や数値を答えなさい。

## ❶ 和　音

□ 1　基本となる音の上に，[①3]度ずつ2つの音を積み重ねた和音を三和音という。

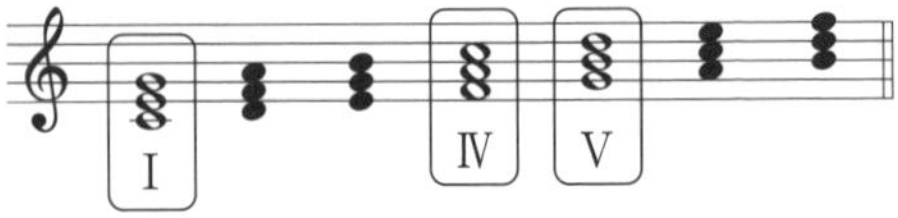


□ 2　音階の1・4・5番目の音を基本とする三和音を[②主要三和音]といい，[③ハ長]調の場合，上の図のようになる。

## ❷ 楽曲の形式

□ 3　右の図で，A，Bを大楽節（がくせつ），a，a′，bを小楽節とする場合，Ⅰは[④一部]形式という。

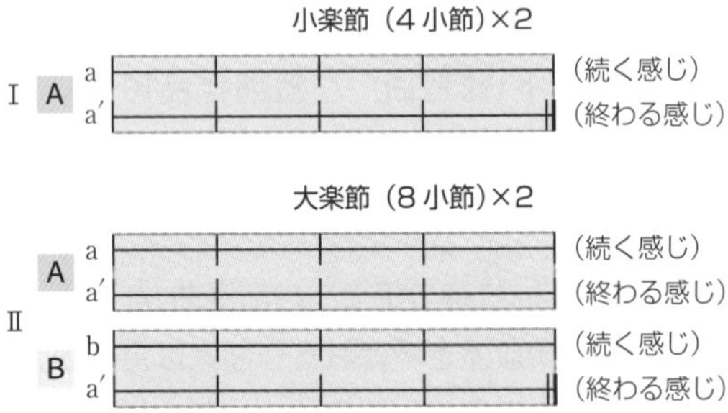


□ 4　同様に，右の図でA，Bを大楽節，a，a′，bを小楽節とする場合，Ⅱは[⑤二部]形式という。

## ❸ 楽曲の反復

□ 5　右の図Ⅰの演奏順序を記号で答えると，[⑥ア→イ→ウ→エ→ウ→エ]となる。

□ 6　右の図Ⅱの演奏順序を記号で答えると，[⑦ア→イ→ウ→エ→オ→カ→ウ→エ]となる。

### ❹ 雅楽の舞台

□ 7　雅楽で用いられる管楽器の[⑧篳篥]は主旋律を演奏し，[⑨笙]は和音を演奏する。打楽器の[⑩鞨鼓]は合奏を統率する。弦楽器の[⑪箏(楽箏)]は一定の音形を演奏し，拍を明確にする役割である。

### ❺ 歌舞伎の舞台

□ 8　歌舞伎の舞台の[⑫大ぜり]，[⑬小ぜり]は，舞台の下から人物を登場させる仕掛けである。[⑭廻り舞台]は芝居の場面転換の際に用いられる。物語の見せ場が多く演じられる通路は[⑮花道]という。

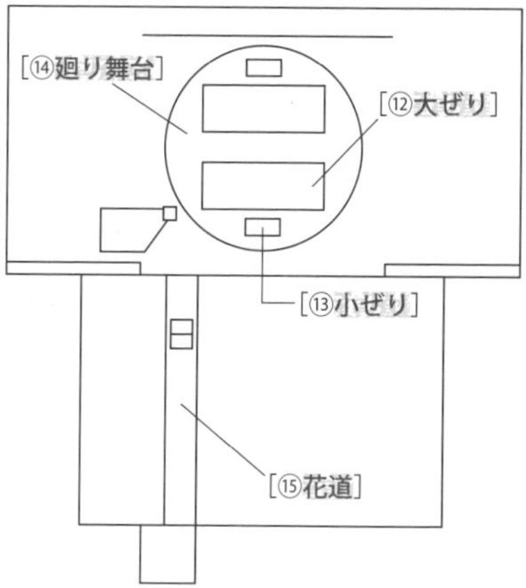


### ❻ 能の舞台

□ 9　能は，能舞台という能専用の舞台で演じられ，屋根のあるホールは[⑯能楽堂]と呼ばれる。能舞台において，地謡は[⑰地謡座]に座る。器楽の部分を担当する囃子は[⑱囃子座]に座る。

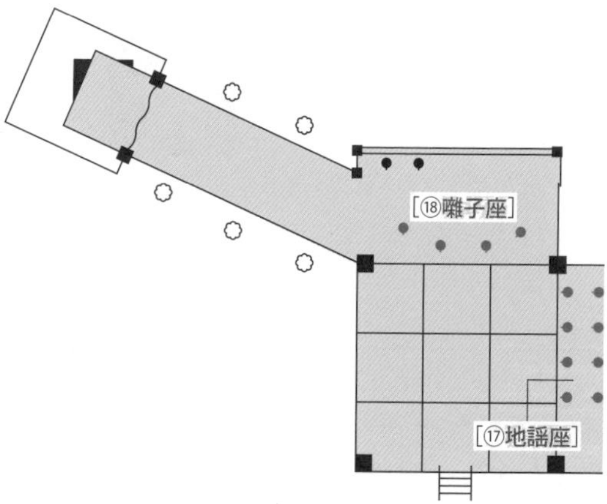

月　日

# 1 色の基礎知識

出題重要度 ☆☆☆

問題 次の各問いに答えなさい。

## ◉色の種類

□ 1　色には，色相（しきそう），明度（めいど），彩度（さいど）の３つの要素があるが，これらを総称して何というか。

□ 2　色を２つに分けた場合，白，灰色，黒などの色みや彩度を持たず，明度だけ持っている色のことを何というか。

□ 3　色相の近い色を順番に並（なら）べた輪を何というか。

□ 4　3 で，例えば黄と青紫（むらさき）のように，反対側に位置する２つの色の関係を何というか。

## ◉三原色（混色（こんしょく））

□ 5　色料の三原色は，マゼンタ（赤紫），イエロー（黄）とあと１つは何か。

□ 6　光の三原色は重ねて混ぜ合わせるほど明るさが増し，無色に近づくが，このことを何というか。

## ◉色の感じ方と対比

□ 7　右の図ではどちらの星が明るく感じられるか。

□ 8　同じ色でも，背景の彩度が高ければ彩度が低く，背景の彩度が低ければ彩度が高く感じられるが，このことを何というか。

## 解答

1　色の三要素（三属性）

解説 色みの違（ちが）い，明るさの度合い，あざやかさの度合い。

2　無彩色（むさいしょく）

解説 有彩色（ゆうさいしょく）は，色みがあり明度，彩度を持つ色。

3　色相環（しきそうかん）

4　補色（ほしょく）

5　シアン（緑みの青）

解説 光の三原色は，レッド（黄みの赤），グリーン（緑），ブルー（紫みの青）。

6　加法混色（かほう）

解説 色料を混ぜた場合は黒に近づき，このことを減法（げんぽう）混色という。

7　ア

解説 同じ色でも，暗い背景では明るく，明るい背景では暗く感じられる。

8　彩度対比

得点アップ UP

◎色の一般（いっぱん）的な感じ方

▶寒暖…青系統の色は寒く，赤系統は暖かく感じられる。

▶軽重…明るい色は軽く，暗い色は重く感じられる。

# 2 スケッチ・クロッキー

出題重要度 ★☆☆

問題 次の各問いに答えなさい。

◎基礎知識

□ 1 スケッチとは，短い時間で描(えが)きたいものの形をとらえ，どのように写し取ることをいうか。

□ 2 描こうとするものをよく見て，雰囲気(ふんいき)や何をとらえることが大切か。

□ 3 スケッチは，道具(鉛筆(えんぴつ)，カラーペン，クレヨン，毛筆(もうひつ) など)を使ってどのように描くか。

□ 4 作品の構図が決まるまでは何を練習帳のように利用するといいか。

□ 5 何か作りたいものがあるときに考えをまとめるため何枚も簡単な絵で表したりすることを何というか。

□ 6 スケッチでコミュニケーションを豊かにできるのは，何をわかりやすく説明したいときに活用するからか。

□ 7 スケッチなどに言葉を書いてだれかに送るものを何というか。

□ 8 また，詩を組み合わせたものを何というか。

□ 9 スケッチと同じ意味の言葉だが，人や物の形，動きをより素早くとらえて描く際に用いられるのは何か。

解答

1 簡単(かんたん)に(大まかに)

2 特徴(とくちょう)

3 自由
解説 スケッチの対象は，自分の描きたいものなら何でもよい。

4 スケッチブック

5 アイデアスケッチ

6 考え,アイデアなど

7 絵手紙
解説 絵手紙なのでだれかに送ることが目的である。

8 詩画
解説 著名(ちょめい)な詩画家は，佐々木(ささき)ひでお,星野富弘(ほしのとみひろ)など。

9 クロッキー
解説 線の強弱や勢いを利用して，対象の動きをとらえることが大切である。

得点アップUP

◎色材(しきざい)

▶色をつけるための材料のことを色材という。問題文にある材料以外にもさまざまな種類があるので，目的に合うものを選んでうまく利用しよう。
(例)パステル(こすってぼかすことができる)，チョーク，水墨(すいぼく)など。

技術
家庭
保健
体育
音楽
美術

# 3 形をとらえる

出題重要度 ☆☆☆

問題 次の各問いに答えなさい。

## ◉基礎知識

□ 1　鉛筆(えんぴつ)などの単色の画材を用いて，対象をよく観察(かんさつ)して描(えが)くことを何というか。

□ 2　1 を行う際に，描く対象のことを何というか。

□ 3　2 は目の高さによって形の見え方が異なってくる。円の柱を見上げた場合どう見えるか，下の図の**ア**～**ウ**のうちから答えよ。

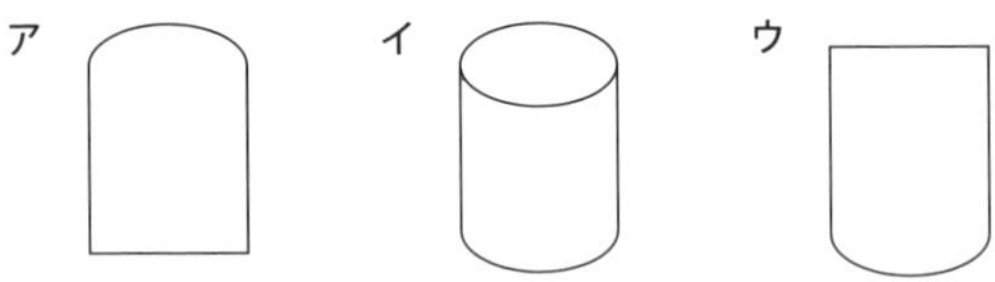


□ 4　無彩色(むさいしょく)の白から黒までの変化を数段階に分けて表したものを何というか。

□ 5　縦，横，斜(なな)めと線を交差させて濃淡(のうたん)を表す方法を何というか。

□ 6　鉛筆で黒一色で描く際にも，何を工夫(くふう)すれば質感や濃淡を表すことができるか。

□ 7　例えば質感を出すのに，筆圧を変えて柔(やわ)らかい調子を表したりするが，細かい部分を描くときは鉛筆の先をどうするか。

□ 8　濃淡をつける際の 6 以外のテクニックとして，消しゴムで軽く消してどういう部分を表現するか。

□ 9　鉛筆の細さや何を変えることも有効か。

## 解答

1　デッサン(素描(そびょう))

解説 形をしっかりとらえて描く。

2　モチーフ

3　ア

解説 円柱の断面の円が，目の高さによって異なって見える。

4　グレースケール

解説 無彩色とは白，灰色，黒などの色みや彩度(さいど)を持たず，明度だけ持っている色のこと。P.168参照。

5　クロスハッチング

解説 線の粗密(そみつ)で明るい部分と暗い部分を表現することができる。

6　タッチ(筆触(ひっしょく))

7　立てる

8　明るい(ハイライト)

9　硬(かた)さ

得点アップUP

◎描く対象の形のとらえ方

▶輪郭(りんかく)で大まかな形をとらえる…中心となる線や輪郭を描き，配置を決める。

▶基本形で大まかな形をとらえる…球，円柱，立方体などと形を単純化する。

# 4 水彩画・水墨画

出題重要度 ★★★

問題 次の各問いに答えなさい。

## ◎水彩画

□ 1 一般的に，広い部分を均等に塗るときに用いる筆は何か。

□ 2 一般的に，細かい部分を描くときや，細い線を引くときに用いる筆は何か。

□ 3 透明性が高く，下に描いた線や色が透けて見える水彩絵の具は何か。

□ 4 重ね塗りした際に，下に描いた線や色を覆い隠す不透明な水彩絵の具は何か。

□ 5 絵の具を溶いたり，筆を洗ったりするための水を入れる仕切りがついた用具は何か。

□ 6 異なる色を混ぜずに紙の上で塗り重ねる水彩の技法を何というか。

## ◎水墨画

□ 7 筆の穂全体に淡墨をつけた後，穂先に少し濃墨をつけて描く水墨画の技法を何というか。

□ 8 筆の穂全体に淡墨をつけた後，穂先を平たくして穂の両側に濃墨をつけて描く水墨画の技法を何というか。

□ 9 濃さの異なる墨を重ねて描くことにより，質感や立体感を出す水墨画の技法を何というか。

## 解答

1 平筆

2 面相筆

解説 水彩画で他に用いられる筆に，丸筆がある。

3 透明水彩(透明水彩絵の具)

4 不透明水彩(不透明水彩絵の具，グワッシュ)

解説 ポスターカラーも不透明水彩。

5 筆洗

6 重色

解説 違う色を混ぜて別の色をつくることを混色という。

7 先隈(先隈法)

解説 淡墨，濃墨とは，墨の濃淡のこと。

8 両隈(両隈法)

解説 他にも片隈，元隈，内脈などがある。

9 破墨(破墨法)

得点アップUP

◎水墨画の技法

▶没骨法…対象の輪郭を描かずに，墨の濃淡のみで描く技法。

▶積墨法…最初に描いた墨が乾いてから，墨を重ねて重厚感を出す技法。

技術 家庭 保健 体育 音楽 美術

# 5 人物画

出題重要度 ★★☆

問題 次の各問いに答えなさい。

## ◉人体のとらえ方

□1 生後1年程度の赤ちゃんを描くとき，頭の大きさは全身に対しておよそどれくらいの割合になるか。

□2 大人を描くとき，頭の大きさは全身に対しておよそどれくらいの割合なるか。

□3 体の中央を左右対称になるように縦に通る線のことを何というか。

□4 目とほぼ同じ位置にある顔のパーツは何か。

## ◉人物画

□5 人物画を描く際には，対象をよく観察し，人体の何を理解することが大切か。

□6 全身を何等分すると基準となる部分がわかりやすいか。

□7 骨格を円柱などの何に置き換えて考えると体の動きがわかりやすいか。

□8 対象を忠実に描くことも大切であるが，対象の美しさから受けた感動を自分なりの方法でどうすることも大切か。

□9 1つの作品に多くの人物を描く場合にはその場面をどうしている一人ひとりの役割を明確にして，集団としてうまくまとめるようにするといいか。

□10 対象を変形して表現することを何というか。

## 解答

1 約$\frac{1}{4}$

2 約$\frac{1}{7}$～$\frac{1}{8}$

解説 子どもと大人では比率が異なるので注意する。

3 正中線

4 耳

解説 目と耳は頭部全体の約$\frac{1}{2}$の位置にある。

5 構造

解説 自分を対象として描いた画を自画像という。また，技法には点描，マスキングなどさまざまな方法がある。

6 4等分

7 基本形

8 表現

9 構成

10 デフォルメ

得点アップUP

◎人体の描き方のコツ

▶体を通る縦の線をもとに，骨格を表す水平線を引いて全身を大まかにとらえる。その後肉づけをし，服を着せて描いていく。

月　日

# 6 静物画・風景画

出題重要度 ☆☆☆

問題 次の各問いに答えなさい。

## ◎静物画・風景画

□ 1 作品を制作するにあたり，作者が最も表現したいテーマのことを何というか。

□ 2 安定感と統一感を印象づける，三角形の骨組みを基本とした構図を何というか。

□ 3 屋外(おくがい)で写生をする際の場所は，安定した何がある場所がいいか。

□ 4 また，3 に加えて，静かなどんなところを選ぶのがよいか。

□ 5 画面が単調にならないように筆の何を描き分けるといいか。

## ◎遠近法

□ 6 水平線上に１つの消失点がある線遠近法を何というか。

□ 7 右の図で用いられている線遠近法は何か。

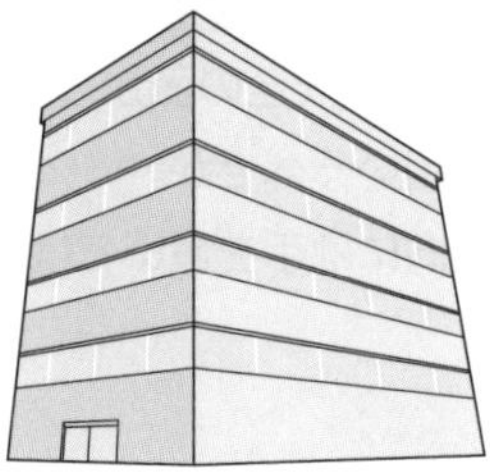

□ 8 近くをはっきりと，遠くをぼんやりと描いて表現する遠近法を何というか。

□ 9 人間が色から受ける感覚を利用し，暖色系（進出・膨張(ぼうちょう)）の色と寒色系（後退・収縮(しゅうしゅく)）の色を使い分けて表現する遠近法を何というか。

## 解答

1 主題

2 三角構図

解説 最も美しい比率は黄金(おうごん)分割といわれ，辺の比率は１：1.618である。

3 足場

4 日陰(ひかげ)（かげ）

5 タッチ

解説 同じ緑でも明るさやあざやかさを変えたり，質感を変えて描く。

6 一点透視(とうし)図法

解説 線遠近法とは，水平線上の一点に平行線を集約させ，奥行(おくゆ)きを表現する方法で，透視図法ともいう。

7 三点透視図法

解説 消失点が水平線上に２つあるなら二点透視図法，更に縦に１つ加わると三点透視図法。

8 空気遠近法

9 色彩遠近法

得点アップ UP

◎構図を工夫(くふう)しよう

▶構図を考える際には，対象物の配置を大切にする。対象物の間の主従関係を考えてみること。また，トリミングや遠近法を用いることも役に立つ。

# 7 木版画

出題重要度 ☆☆☆

問題 次の各問いに答えなさい。

## ◎木版画

□ 1　木版画では，彫刻刀(ちょうこくとう)で彫(ほ)る部分と彫り残す部分を制作し，彫り残した部分にインクをつけて紙に刷(す)り取る。このことから，木版画は何という種類の版画に分類されるか。

□ 2　輪郭線(りんかく)などを彫り，色をつけたい部分を彫り残して塗(ぬ)り分けながら刷り取る版画を何というか。

## ◎彫刻刀

□ 3　次の図は彫刻刀の彫り跡の断面である。①～④はそれぞれ何という彫刻刀で彫られた跡(あと)か答えよ。

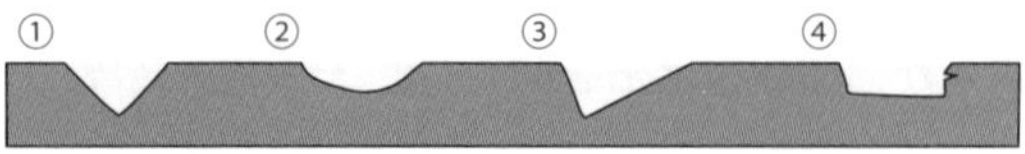


□ 4　彫刻刀は作業のしやすさ，安全の面からも，切れ味のどんなものを用いるべきか。

□ 5　彫るときは刃(は)のどの方向には手を置いてはいけないか。

## ◎彫刻と表現方法

□ 6　文字や絵柄(えがら)を彫り印をつくることを何というか。

□ 7　輪郭線を彫り，対象を黒く残す表現方法を何というか。

## 解答

1　凸版(とっぱん)

解説 彫り残した凸部にインクをつける方法。

2　一版多色木版画

解説 他にも，色の数だけ複数版をつくって刷り重ねる多版多色木版画がある。

3　①三角刀(さんかくとう)

②丸刀(まるとう)

③切り出し(刀)(きだしとう)

④平刀(ひらとう)

4　よい(鋭い)

5　進行(進む)

解説 利(き)き手でにぎり，反対の手の人差し指と中指(切り出し刀は親指でも可)をそえる。

6　てん刻(こく)

解説 てん刻刀(印刀)を用いておもに石に彫る。

7　陰刻(いんこく)

得点アップ UP

◎単色木版画の制作過程

▶下絵を描(えが)く→転写(てんしゃ)する→彫る→インクをつける→*ばれんでこすって刷る

*刷り紙と同じ大きさの見当(けんとう)紙を用いて，版とずれないようにする。

# 8 銅版画・リトグラフ・シルクスクリーン

出題重要度 ☆☆☆

問題 次の各問いに答えなさい。

## ◎銅版画

□ 1　銅板やアルミ板にニードルで直接彫(ほ)ってインクをできた凹(おう)部とバー（まくれ）につめ，紙に刷(す)り取る技法を何というか。

□ 2　防食剤(ぼうしょくざい)を塗(ぬ)った金属板にニードルでひっかき腐食(ふしょく)させ，後にインクをつめて紙に刷り取る技法を何というか。

□ 3　2で用いる防食剤は何か。

## ◎リトグラフ・シルクスクリーン

□ 4　リトグラフは，ある物質と水の反発しあう作用を利用する技法であるが，この物質とは何か。

□ 5　シルクスクリーンの技法で紙に刷り取る際に用いる用具を何というか。

## ◎版画の種類

□ 6　凸版(とっぱん)，凹版，平版(へいはん)，孔版(こうはん)について，以下の問いに答えよ。

①右図の版の種類は何か。

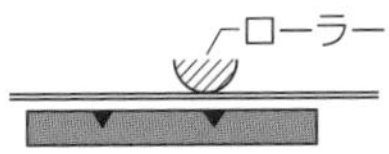


②紙に刷り取ったとき，画面が反転しないのはどれか。

③Aリトグラフと Bシルクスクリーンは，それぞれどの版画の種類に分類できるか。

## 解答

1　ドライポイント

解説 まくれあがった版材でにじんだ線が表現できる。

2　エッチング

解説 ドライポイントよりも細かい表現ができる。

3　（液体）グランド

4　油

解説 油性インクなどで描(びょう)画(が)した後，アラビアゴム液を塗って，描画していない部分を親水性(しんすいせい)にする。

5　スキージー

解説 シルクスクリーンは，版の孔(あな)を通してインクを紙に刷り取る技法。

6　①凹　版

②孔　版

③A　平　版

B　孔　版

解説 ①版の凹部にインクをつめ，プレス機などで紙に刷り取る方法。

得点アップ UP

◎版画の種類と材料

| 種類 | 凸版 | 凹版 | 平版 | 孔版 |
|---|---|---|---|---|
| 材料 | 木版など | 銅版など | 石灰石，アルミ版など | 絹など |

月　日

# 9 紙でつくる

出題重要度 ☆☆☆

問題　次の各問いに答えなさい。

## ◉基礎知識

□1　紙が発明された国はどこか。

□2　紙が日本に伝えられたのは何世紀か。

□3　ガンピやコウゾなどを原料にし，おもに手すきでつくられた紙を何というか。

□4　3 以外の一般的な紙で，機械で大量生産されてつくられた紙を何というか。

□5　紙には繊維が流れる方向があり，この方向に沿うと折りやすく裂けやすい。この方向のことを何というか。

## ◉紙を用いた技法

□6　紙による作品づくりでは，手軽にさまざまな技法を試すことができる。形を変形したり切り紙をするときはカッターのほか何を用いるか。

□7　切れ目を入れて柔らかく曲げることもできるが，これは紙のどんな力を利用しているか。

□8　切り込みを入れて折ることで安定感のある何へ変形するか。

□9　紋様づくりで切り抜くための型を何というか。

□10　型に紙を貼り合わせて形をつくり，型からはずした後に着色して完成する立体を何というか。

## 解答

1　中国

2　7世紀

3　和紙

解説　日本で独自に発展した紙。

4　洋紙

5　目（紙の目）

解説　紙の目にそえば，曲げるのもたやすい。逆に紙の目に逆らうと，抵抗感がある。

6　はさみ

7　張力

8　立体

解説　クリスマスカードなどのグリーティングカードでよく見られる技法。

9　紋切り型

10　はりこ

解説　人形や面など。

---

得点アップ UP

◉折り紙

▶紙を折って動物や用具などの形をつくる，伝統的な日本の遊び。

▶国際的に評価が高く，遊びにとどまらず芸術作品も生み出されている。

月　日

# 10 彫刻

出題重要度 ☆☆☆

問題 次の各問いに答えなさい。

## ◎木彫

□1 木や石などを彫って作品をつくることを何というか。

□2 木彫に用いる右の用具は何か。

□3 木材にデッサンをした後，不要な部分を大まかに切り落とすことを何というか。

□4 右は針葉樹の断面図であるが，A，Bの部分を何というか。

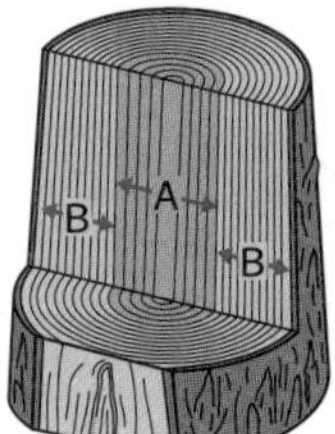


□5 おもに1本の木からつくる木彫の技法を何というか。

□6 2本以上の木材を組み合わせてつくる木彫の技法を何というか。

## ◎石彫

□7 彫りはじめて，粉じんで目を痛めないように装着するものは何か。

□8 のどを痛めないように装着するものは何か。

□9 デッサンをもとに何を使って大きい面を取るか。

□10 バランスを見ながら徐々に何を使って形を整えるか。

## 解答

1 彫造(カーヴィング)
解説 その素材上，塑造とは異なり，自由に取ったりつけたりはできない。

2 のみ(平のみ)

3 あら取り
解説 デッサンが切れた場合，かき足すこと。

4 A 心材
B 辺材
解説 木の種類によって色や硬さが変わる。

5 一木造り

6 寄木造り

7 保護メガネ

8 防じんマスク

9 のこぎり
解説 いろいろな角度からデッサンしておく。

10 彫刻刀
解説 木工やすりを用いてもよい。

得点アップUP

◎木彫と石彫のおもな用具

▶両刃のこぎり…縦びき刃，横びき刃を持つ。

▶木工やすり…表面を削ったり，磨いたりするのに用いる。

# 11 粘土でつくる

出題重要度 ☆☆☆

問題 次の各問いに答えなさい。

## ◉基礎知識

□ 1 粘土などの自由に取ったりつけたりできる物質を用いて彫刻をつくることを何というか。

□ 2 彫刻をつくる際に意識される，重量感や存在感のある感覚を表す言葉は何か。

□ 3 彫刻をつくる際に意識される，動きのある感覚を表す言葉は何か。

## ◉粘土とその扱い方

□ 4 硬さを調整できる，天然の土からつくられた粘土を何というか。

□ 5 繰り返し使える，油で練られた粘土を何というか。

□ 6 粘土を練る際にはどれくらいの軟らかさにするとよいか。人体のパーツの名前で答えよ。

□ 7 4の粘土を保存する際には，硬くならないように何に入れて保存したらよいか。

## ◉粘土によるクロッキー

□ 8 粘土によるクロッキーでは，対象から感じ取ったものを大切にし，どのような部分には意識を向けないほうがいいか。

□ 9 どのような動きをとらえるのがよいか。

### 解答

1 塑造(モデリング)

2 量感

3 動勢

解説 量感や動勢が生まれるように作品を制作していこう。

4 土粘土(水粘土)

解説 水を加えて硬さを調整する。

5 油粘土

解説 粘土の種類にはほかにも，紙からつくられる紙粘土がある。

6 耳たぶ

7 ビニール袋

解説 土粘土は乾燥すると硬くなるので，ビニール袋で保存する。

8 細かい

9 大きな

得点アップUP

◉対象の形のとらえ方

▶粘土で作品を制作する際には，まずは対象を1つのまとまったかたまりとしてとらえる。その後いろいろな角度から観察して，形を大きな面で表現する。

**問題** 次の各問いに答えなさい。

### ◉頭像・手・全身像

□10 塑造の骨組みのために粘土の中に入れられるものを何というか。

10 心棒

□11 手や人物像の中に入れる 10 は何でつくられるか。

11 針金，角材

**解説** 針金で形をつくり，麻ひもを巻きつける。

□12 頭像の中に入れる角材の 10 に，巻きつけるものは何か。

12 しゅろ縄

□13 作品をつくる際に，10 に粘土を大まかに肉づけしていき，全体の雰囲気をとらえるが，このことを何というか。

13 あらづけ

**解説** この段階で心棒に粘土をしっかりつけて，作品の大まかな動きをとらえておく。

□14 作品をつくる際に，線を引いたり形を整えたりする目的で用いる塑造の用具は何か。

14 へら

□15 粘土の像は壊れやすいため，ある物質で型を取って像を置き換えることがあるが，このある物質とは何か。

15 石こう

**解説** 石こう像の型を用いて，更にブロンズ像をつくることができる。

### ◉レリーフ（浮き彫り）

□16 レリーフは，彫刻と何が合わさったようなものか。

16 絵画

□17 奥行きと立体感のほかに何を感じさせる工夫が必要か。

17 空間

**解説** 彫刻と異なり，背景まで表す。

□18 17 を表現するために何を浮かび上がらせるように制作すればよいか。

18 輪郭

□19 奥行きを持たせるために像と背景のどこにあたる部分の表現の注意が必要か。

19 境界

---

得点アップUP

◎塑造のコツ

▶対象をいろいろな角度から観察してデッサンする。

▶作品に重み（量感）や生き生きとした感じ（動勢）を出せるようにする。

# 12 土でつくる

出題重要度 ☆☆☆

問題 次の各問いに答えなさい。

## ◉焼き物の制作

□ 1 ひも状にした陶土を下から順に積み上げ，成形する技法を何というか。

□ 2 板状に切った陶土を貼り合わせて成形する技法を何というか。

□ 3 1や2のときに用いる，作品と同じ陶土を水で溶いたものを何というか。

□ 4 成形の前に，陶土をよく練って気泡を抜き，土の質を均一にすることを何というか。

□ 5 4で，ねじるように回して練る，菊の花のような形が浮かび上がる練り方を何というか。

□ 6 成形後に乾燥させてから，釉薬(うわぐすり)をかけずに作品を焼くことを何というか。

□ 7 釉薬をかけた後に作品を焼くことを何というか。

□ 8 6と7ではどちらのほうが窯で焼き上げる温度が高いか。

## ◉焼き物の産地

□ 9 右の図は，日本の六古窯のうちの3つの地域を表している。ア～ウの地域名を答えよ。

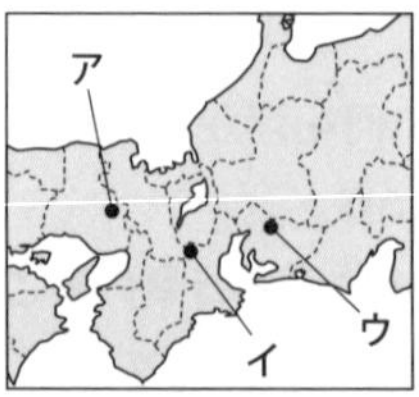


### 解答

1 ひもづくり

2 板づくり(たたらづくり)

3 どべ

解説 接着材や修正のときに用いる。

4 土練り

5 菊練り

6 素焼き

解説 陶土が硬くなり，施釉(釉薬をかけること)がしやすくなる。釉薬は焼くとガラス質になる。

7 本焼き

8 7

解説 素焼きは約800度，本焼きは1200～1300度。

9 ア 丹波
イ 信楽
ウ 瀬戸

解説 ほかは，備前，常滑，越前。

---

得点アップ UP

◎陶土の種類

▶白　土…鉄分をほとんど含まない。焼き上がると白っぽくなる。

▶赤　土…鉄分を含む。焼き上がると赤茶色になる。

# 13 平面に関する技法

出題重要度 ☆☆☆

問題 次の各問いに答えなさい。

## ◎さまざまな表現技法

□ 1 凹凸のあるものに薄い紙を当て，上から描画材で形をこすり出す技法を何というか。

□ 2 2つ折りにした紙に絵の具を挟み，ばれんなどで伸ばして形をつくる技法を何というか。

□ 3 さまざまな材料を画面に貼り付けて，図柄を構成する技法を何というか。

□ 4 3の技法を版画に応用したもので，紙や板に材料を貼り付けて凹凸をつくり，そこに絵の具をつけて刷り取る技法を何というか。

□ 5 紙にクレヨンなどを何色か塗り重ね，先のとがった用具で上からひっかいて図柄を描く技法を何というか。

□ 6 金網の上から絵の具のついたブラシでこすり，しぶきを飛ばしてぼかし模様をつくる技法を何というか。

□ 7 ドリッピングという技法のうち，紙に絵の具を落とし，ストローなどで吹いたり紙を傾けたりして形をつくる技法を何というか。日本語で答えよ。

□ 8 右の図のように水面に墨汁や専用の絵の具などで形をつくり，紙に写し取る技法を何というか。

### 解答

1 フロッタージュ（こすり出し）

2 デカルコマニー（合わせ絵）
解説 紙を開くと対称形ができあがっている。

3 コラージュ（はり絵）
解説 写真だけを使ったフォトコラージュもある。

4 コラグラフ

5 スクラッチ（ひっかき）

6 スパッタリング（ブラシぼかし，霧吹きぼかし）

7 吹き流し
解説 紙に多めの水で溶いた絵の具を垂らして形をつくる技法もある。

8 マーブリング（墨流し）
解説 棒や筆で静かにかき回して模様をつくる。

得点アップUP

◎その他の表現技法

▶スタンピング（型押し）…型に絵の具をつけ，紙に押して形を取る技法。

▶ステンシル…切り抜いた図柄を摺り出す技法。

月　日

# 14 文字のデザイン

出題重要度 ☆☆☆

問題 次の各問いに答えなさい。

## ◉レタリング

□ 1 印刷物の本文などで用いられる，横の線が細く，縦の線が太い，「読む文字」の代表とされる和文の書体を何というか。

□ 2 1の書体の横の線の右端や，曲がり角の肩などに見られるこぶを何というか。

□ 3 印刷物の見出しなどで用いられる，縦横の線の幅がほぼ同じで，「見る文字」の代表とされる和文の書体を何というか。

□ 4 サンセリフ体の文字は，右のア，イのどちらか。

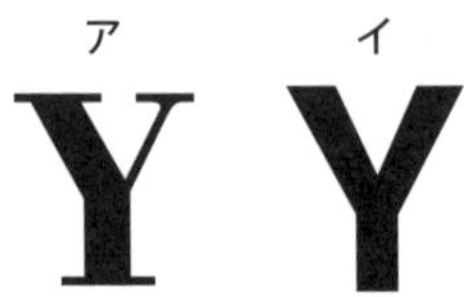


□ 5 文字を1字1字枠の中に書く際には，漢字とひらがなのどちらを小さく書くとバランスがよいか。

□ 6 見た目にバランスよく文字を配置することを何というか。

□ 7 西洋において，専用のペンを用いて美しく文字を書くことを何というか。

## ◉マーク

□ 8 一般的に，文字とマークでは，どちらがより情報を伝えるのが早いか。

## 解答

1 明朝体
解説 中国の明の時代に成立した。

2 うろこ

3 ゴシック体
解説 遠くからでもよく目立つデザインである。

4 イ
解説 ア ローマン体は縦横で線の幅が異なる。サンセリフ体は縦横で線の幅が同じである。

5 ひらがな
解説 ひらがなは漢字よりも大きく見えるため。

6 字配り（スペーシング）

7 カリグラフィー
解説 練習すれば身近な描画材で書くこともできる。

8 マーク
解説 図形が単純化されているため。

得点アップ UP

◉レタリング*の作業手順

▶枠取り→枠内に文字を書く→肉付け→定規で輪郭線を入れる→輪郭線に墨入れをする→内側を塗る　*視覚的効果を意識して文字をデザインすること

月　日

# 15 ポスターのデザイン

出題重要度 ☆☆☆

問題 次の各問いに答えなさい。

## ◎基礎知識

□ 1　ポスターは多くの人に情報や何を伝える目的で作るのか。

□ 2　ポスターは，イベントの開催(かいさい)のお知らせ，マナーや倫理観(りんりかん)の向上の訴(うった)えなどを目的として作る。このような目的を何というか。

□ 3　2のようなことが，人々にどのように伝わるポスターを作る必要があるか。

□ 4　ポスターの構想を練るときに3のほかに何を意識するとよいか。

□ 5　ポスターに使う，印象に残って伝えたいことが端的に表現されている言葉を何というか。

□ 6　多くの人に効果的に知ってもらうためには，ポスターをどうする場所が大切か。

□ 7　見やすさを考えて配色や何を工夫するか。

□ 8　配色を考えるときには，色の何を用いてもよいか。

## ◎ポスターの制作手順

□ 9　次の①～④のポスターの制作手順について述べている文を，正しい順に並べかえよ。

ア 下描(が)きする　　イ 資料を集める

ウ アイデアスケッチを描(えが)く　エ 着色する

## 解答

1　メッセージ

解説 ポスターにはメッセージを理解してもらう目的がある。

2　主題(テーマ)

3　わかりやすく伝わる

解説 伝えたい情報が人々の記憶に残るようなデザインを考えよう。

4　美しさ

5　キャッチコピー

6　掲(けい)示(じ)

解説 ポスターの受け手側の視点に立って考えてみること。

7　構図

8　見本帳

9　イ→ウ→ア→エ

解説 下描きの前に，構図やレイアウトをよく練っておく。

---

得点アップUP

◎ポスター制作で用いられる技法

▶マーブリング，スパッタリングなどの平面に関する技法(P.181参照)。

▶レタリング…効果的な書体を考える(P.182参照)。

# 16 ユニバーサルデザイン，エコデザイン

月　日

出題重要度 ☆☆☆

問題 次の各問いに答えなさい。

◎ユニバーサルデザイン

□ 1 ユニバーサルデザインを提唱(ていしょう)したのはだれか。

□ 2 ユニバーサルとはどのような意味の英単語か。

□ 3 ユニバーサルデザインは性別，身体的能力のほか，何の区別なく，できるだけさまざまな立場の人が使いやすいことを目指すか。

□ 4 ユニバーサルデザインのそのほかの条件として，次の問いに答えなさい。

① 公平な利用，利用における何の高さが重要か。

② 使い方が簡単(かんたん)，理解しやすいといった，何の伝え方が重要か。

③ 危険につながらないこと，身体的な何の低さが重要か。

④ アクセスと利用のために十分な大きさと何を持つことが重要か。

□ 5 特定の人が感じる不便さを取り除く目的のデザインを何というか。

◎エコデザイン

□ 6 スーパーなどへ買い物に行く際に，レジ袋(ぶくろ)のかわりとして，個人が持って行く買い物袋を何というか。

□ 7 ドライミストと同じような効果がある，日本の伝統的な風習を何というか。

解答

1 ロナルド・メイス

解説 1980年代に提唱された。

2 普遍的(ふへんてき)な(すべての)

3 年齢(ねんれい)

4 ① 自由度

② 情報

③ 負担

④ スペース

解説 人にやさしいものづくりが進められる。

5 バリアフリーデザイン

解説 ユニバーサルデザインはできる限り多くの人を対象とするものであり，バリアフリーデザインとは異なる。

6 エコバッグ

7 打ち水

解説 地上の温度を下げるためにまく水。

得点アップ UP

◎身近なユニバーサルデザイン

▶斜(なな)めドラム式洗濯乾燥機(せんたくかんそうき)，LEDの案内版，スプーン，しょうゆさしなどは，さまざまな人に使いやすいデザインが考えられている。

# 17 日本の伝統文様(もんよう)

出題重要度 ☆☆☆

問題 次の各問いに答えなさい。

◎日本の文様

□ 1 日本人は古くから着物や手拭(てぬぐ)いなどの何用品を文様で飾(かざ)ってきたか。

□ 2 文字や幾何学(きかがく)的な要素を取り入れ，形をどのように変化させたか。

□ 3 同じパターンをどのようにして絵柄(えがら)としたのか。

□ 4 何の移り変わりの美しさも文様に採用し，生活を豊かに彩(いろど)ろうとしてきたのか。

□ 5 4をモチーフにしてデザインされた日本の菓子(かし)にも，その感覚が表れている。どのような菓子か。

□ 6 海の波の形を同心円の弧(こ)で表した文様を何というか。

□ 7 右の図のような文様を何というか。

□ 8 文様がデザインされていることが多い，ものを持ち運んだり包んだりする際に用いられる１枚の布を何というか。

□ 9 日本において個人の出自といった家系を表す文様を何というか。

□10 北海道(ほっかいどう)に住む民族の間では右の図のような伝統的な文様が受けつがれてきたが，この民族を何というか。

解答

1 生活

2 単純

3 繰(く)り返し(連続)

4 四季(自然・季節)

5 和菓子(わがし)

解説 春は桜をモチーフに，夏は涼(すず)しげに見えるように，と季節に応じた工夫(くふう)がある。

6 青海波(せいがいは)文様

7 唐草(からくさ)文様

解説 唐草文様は世界各地に見られる。

8 風呂敷(ふろしき)

解説 折り畳(たた)むことができ，何度でも使える。

9 家紋(かもん)

解説 貴族や武士だけでなく一般庶民(いっぱんしょみん)も家紋を持っていた。

10 アイヌ民族

得点アップ UP

◎その他の日本の文様

▶鹿の子(かのこ)，麻の葉(あさのは)，亀甲菱(きっこうびし)，光琳波(こうりんなみ)，紗綾形(さやがた)，かまわぬなど。

▶器(うつわ)，壁(かべ)，衣服などにも文様が施(ほどこ)されている。

# 18 日本の美術史

出題重要度 ☆☆☆

問題 次の各問いに答えなさい。

## ◉縄文～古墳時代

□ 1 縄文土器と弥生土器のうち，飾り気がなく実用的な土器はどちらか。

□ 2 銅鐸がつくられていたのは何時代か。

□ 3 古墳に飾られていた，人や動物の形をした焼き物を何というか。

## ◉飛鳥～奈良時代

□ 4 日本最初の仏教文化が栄えたのは何時代か。

□ 5 法隆寺の金堂に所蔵されている，止利仏師作の仏像は何か。

□ 6 興福寺に所蔵されている，３つの顔がある仏像は何か。

□ 7 シルクロードを経由して伝わった唐やペルシャからの宝物が所蔵されている，東大寺にある建物を何というか。

## ◉平安～鎌倉時代

□ 8 平安時代に発展したやまと絵で，源氏物語などを描いた横長の絵画を何というか。

□ 9 東大寺の南大門に所蔵されている金剛力士像のうち，阿形象をつくったのはだれか，代表的な２人を答えよ。

## 解答

1 弥生土器

解説 縄文土器は，縄目模様があり装飾が多い。

2 弥生時代

3 埴輪

解説 埴輪は古墳時代につくられていた。

4 飛鳥時代

5 釈迦三尊像

解説 623年制作の国宝。

6 阿修羅像(阿修羅立像)

解説 手は六本ある。全身が朱色に塗られていた。

7 正倉院

8 絵巻物

解説 「源氏物語絵巻」が有名。やまと絵は日本の風物を描いた絵画のこと。

9 運慶，快慶

解説 吽形像は定覚と湛慶が主に担当したとされる。

---

得点アップ UP

◎平等院鳳凰堂

▶現在の京都府宇治市に残る。平安時代に建立。極楽浄土を表現した建物。

▶定朝作の木造の阿弥陀如来坐像は国宝。

**問題** 次の各問いに答えなさい。

### ◎室町～安土・桃山時代

□10 雪舟によって描かれた「秋冬山水図」は，どのような種類の絵画か。

□11 「唐獅子図屏風」を描いた人物はだれか。

10 水墨画

**解説** 水墨画は，墨の濃淡で描かれる絵画。

11 狩野永徳

**解説** 「唐獅子図屏風」は16世紀後半に描かれた。

### ◎江戸時代

□12 江戸時代に文化の中心を担ったのはどういう人々か。

□13 葛飾北斎や歌川広重などの絵師で有名な，おもに木版画で制作された絵画を何というか。

□14 「紅白梅図屏風」「八橋蒔絵螺鈿硯箱」などの作品で有名な人物はだれか。

□15 俵屋宗達によって描かれた，金色を背景に風神と雷神が舞う屏風の絵を何というか。

12 町人

13 浮世絵

**解説** 浮世絵は海外の画家にも影響を与えた。

14 尾形光琳

15 風神雷神図（風神雷神図屏風）

**解説** 尾形光琳と俵屋宗達はともに琳派と呼ばれる一派である。

### ◎明治時代～現代

□16 「湖畔」「読書」などの作品で有名な人物はだれか。

□17 「麗子像」「道路と土手と塀（切通之写生）」などを描いた人物はだれか。

□18 万博記念公園に立つ「太陽の塔」を制作した人物はだれか。

□19 原爆の後遺症の苦しみから仏教に関心をもち，シルクロードの作品を残した人物はだれか。

16 黒田清輝

17 岸田劉生

18 岡本太郎

19 平山郁夫

得点アップUP

◎現代美術史

▶明治・大正時代…西洋文化の流入開始，後に一般大衆にも拡大。

▶昭和時代…テレビの普及，漫画やアニメーションなどの娯楽の発達。

月　日

# 19 世界の美術史

出題重要度 ★★★

問題 次の各問いに答えなさい。

◎原始時代～ギリシャ・ローマ

□ 1 約2万年前に描(えが)かれたとされる動物や人間の手形などの洞窟壁画(どうくつへきが)は，フランスのどこにあるか。

□ 2 古代のエジプトなどで見られる，四角すいの巨大(きょだい)な建造物を何というか。

□ 3 ギリシャのサモトラケ島で出土した，翼(つばさ)を大きく広げた勝利の女神(めがみ)像を何というか。

◎中　世

□ 4 セント・ソフィア聖堂(せいどう)などのドームの屋根と，モザイク画に特徴(とくちょう)がある，東ローマ帝国で栄えた美術を何というか。

□ 5 ゴシック様式の教会の窓でよく見られる，色彩(しきさい)豊かなガラスを何というか。

□ 6 12世紀前半にカンボジアに建立(こんりゅう)された，ヒンドゥー教の寺院を何というか。

◎ルネサンス

□ 7 「ダヴィデ像」「ピエタ」「アダムの創造」などの作品で有名な人物はだれか。

□ 8 「最後の晩餐(ばんさん)」「モナ・リザ」などを描いた人物はだれか。

**解答**

1 ラスコー
解説 洞窟壁画はほかにもスペインのアルタミラが有名である。

2 ピラミッド

3 サモトラケのニケ
解説 ヘレニズム文化の彫像(ちょうぞう)。

4 ビザンチン美術
解説 贅沢(ぜいたく)な飾(かざ)りつけを持った気高い様式。

5 ステンドグラス
解説 フランスのシャルトル大聖堂の窓が有名。

6 アンコール・ワット
解説 アンコール遺跡(いせき)群に含(ふく)まれる石造建造物。

7 ミケランジェロ・ブオナ(ル)ローティ

8 レオナルド・ダ・ヴィンチ

得点アップUP

◎ルネサンス

▶14世紀頃から裕福(ゆうふく)な都市の商人を中心に栄えた文化復興活動。

▶ルネサンスとは「再生」「復活」という意味。

問題 次の各問いに答えなさい。

◉バロック～後期印象派

□ 9 明暗の対比が表現された「夜警」を描いた人物はだれか。

□10 ドラマチックな構成で表現された「民衆を率いる自由の女神」を描いた人物はだれか。

□11 クールベに代表される，現実をありのままに描こうという主義を何というか。

□12 印象派という呼び名の元となった，「印象・日の出」を描いた人物はだれか。

□13 12の人物やゴッホなどが取り入れた，日本の浮世絵の手法に影響を受けた表現を何というか。

9 レンブラント・ファン・レイン

解説 バロック時代の画家。

10 ウジェーヌ・ドラクロワ

解説 ロマン主義の画家。

11 写実主義

12 クロード・モネ

13 ジャポニスム(日本趣味)

◉近代～現代

□14 近代彫刻の父と呼ばれ，「考える人」「青銅時代」などの作品で有名な人物はだれか。

□15 後期印象派から影響を受け，原色を自由に用いて大胆なタッチで描いた一派を何というか。

□16 物を多角的な視点でとらえ，１つの平面上に再構築して描いた一派を何というか。

□17 16の創始者で，「ゲルニカ」「アヴィニョンの娘たち」などを描いた人物はだれか。

□18 現実を超えた無意識の世界を描いた一派を何というか。

□19 18の1人で，古典的な写実の技術で細部を描写し，超現実的な世界を描いた人物はだれか。

14 オーギュスト・ロダン

15 フォーヴィスム(野獣派)

解説 マティス，ルオーなど。

16 キュビスム(立体派)

17 パブロ・ピカソ

18 シュルレアリスム(超現実主義)

19 サルヴァドール・ダリ

得点アップ UP

⊙現代の芸術家

▶アンディ・ウォーホル(1928～1987年)…「黄金のマリリン・モンロー」

▶キース・ヘリング(1958～1990年)…ストリートアートの画家。「壁画」

# 特集　図表でチェック

出題重要度 ☆☆☆

問題 図表を見て，[　]にあてはまる語句を答えなさい。

## ❶ 版画の種類

| 種類 | [①凸版] | 凹版 | [②平版] | 孔版 |
|---|---|---|---|---|
| 版形式 | 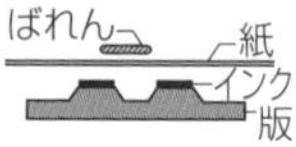 | 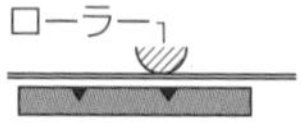 |  |  |
| 例 | 木版画など | [③ドライポイント]<br>エッチング | リトグラフ | [④シルクスクリーン]<br>(セリグラフ) |
| 材料 | 版木など | 銅版など | 石版石(石灰石)，<br>アルミ版など | 絹など |
| 刷り取り時の画面 | 反転する | 反転[⑤する] | 反転する | 反転[⑥しない] |

□ 1　上の表は版画の種類を表している。現在の印刷物のほとんどは，[②平版]の原理を用いて印刷されている。

## ❷ 焼き物の成形方法

| 種類 | 手びねり | [⑦ひもづくり] | [⑧板づくり]<br>(たたらづくり) | ろくろづくり |
|---|---|---|---|---|
| 方法 | 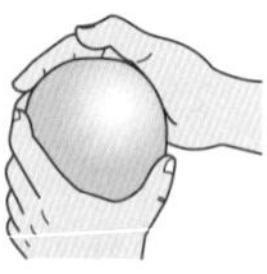 | 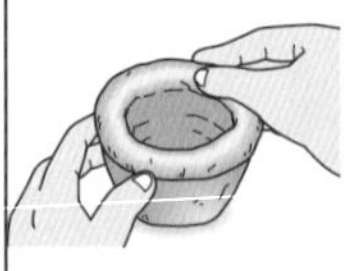 | 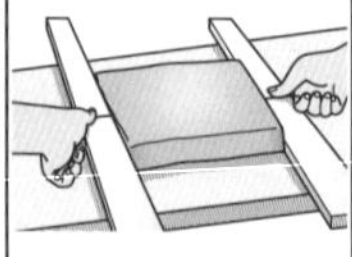 |  |
| 説明 | 手のみで形をつくる | ひもをつくり，積み上げる | 板状に切り取って接合する | ろくろを回転させる |

□ 2　上の図は焼き物の成形方法の種類を表している。[⑦ひもづくり]と[⑧板づくり]では，成形の途中で[⑨どべ]を接着液として用いる。

### ❸ 線遠近法(透視法)

A [⑩二点透視図法] B [⑪一点透視図法] C [⑫三点透視図法]

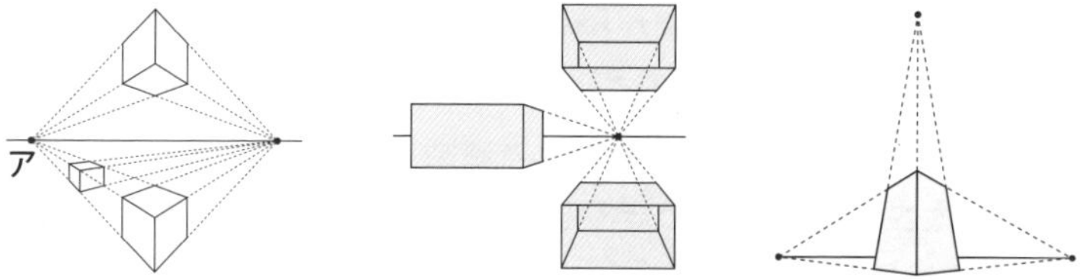


□ 3 上の図は，三種類の線遠近法を表している。Aは[⑩二点透視図法]，Bは[⑪一点透視図法]，Cは[⑫三点透視図法]という。

□ 4 Aの図上の点アは[⑬消失点]といい，最終的に平行線が集中する。

### ❹ 平面構成

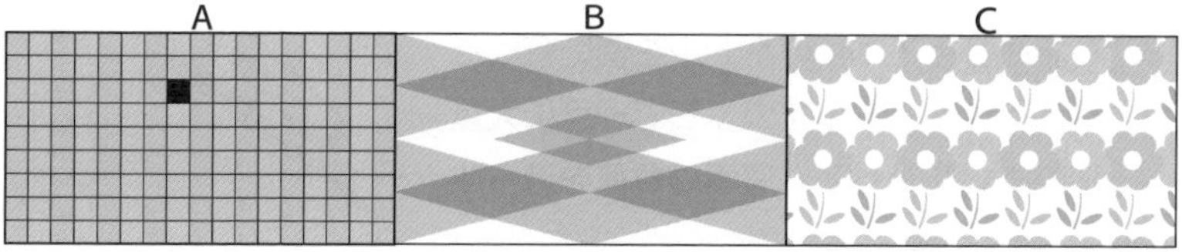


□ 5 上の図は，3種類の平面構成を表している。Aは[⑭アクセント(強調)]といい，一部分を強調し，単調な画面を引き締める構成である。

□ 6 Bは[⑮シンメトリー(対称)]といい，中心となる線や点，面から左右や上下が対称の構成である。

□ 7 Cは[⑯リピテーション(繰り返し)]といい，同じ形や色が繰り返される構成である。

### ❺ 投影図法

□ 8 左の図のAは[⑰斜投影図法]といい，Bは[⑱等角投影図法]といい，これらを用いて配色を工夫すれば奥行きのある画面を構成することができる。

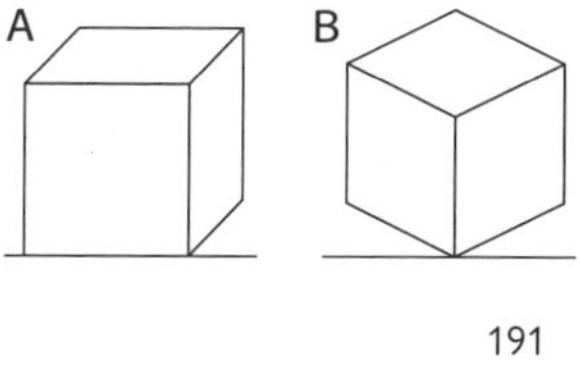

## ❻ 文字のデザイン

□9 [⑲明朝体]は活版印刷用の書体として中国の明代に成立した書体である。横画が[⑳細く]，横画の右端や角の肩，縦画の頭に[㉑うろこ]というやまをつける。

[⑲明朝体]

□10 [㉒ゴシック体]は，[㉓横画]と[㉔縦画]の幅がほぼ同じ[㉕太さ]である。はっきりしていて力強く，離れてもよく見える。

[㉒ゴシック体]

## ❼ エコデザイン

□11 環境に配慮した製品を[㉖エコグッズ]という。[㉗エコバック]や[㉘マイはし]は使い続けてゴミを軽減する。シャンプーを詰め替えて本体のボトルを使い続けたり，ペットボトルをつぶして一度に大量に輸送したりして，環境の負荷を減らす。

## ❽ 日本の伝統文様

□12 着物や手ぬぐい，風呂敷などに使われている絵柄は，日本の[㉙四季]の移り変わりの美しさや文字，器物などがデザインされている。形を[㉚単純化]し，それを[㉛繰り返し]て表現している。

□13 家紋は[㉜家系]を表す。刀や着物に入れられていた。[㉝一般庶民]も家紋を持っていた。

紗綾形

麻の葉

かまわぬ

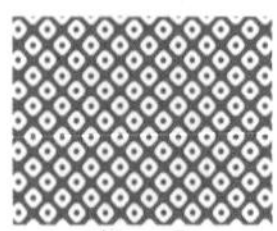

鹿の子

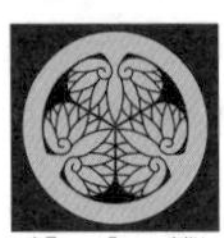

丸に三つ葵

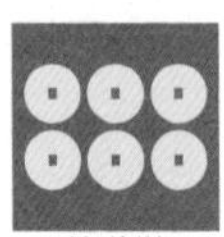

真田銭